Für Noah

Patrick Schäffer

Die Entstehung des Papas

40 magische Wochen für das Erwachen zum Vater

Impressum

Bibliografische Information der Deutschen Nationalbibliothek: Die Deutsche Nationalbibliothek verzeichnet diese Publikation in der Deutschen Nationalbibliografie; detaillierte bibliografische Daten sind im Internet über dnb.dnb.de abrufbar.

© 2017 Patrick Schäffer
patrick.schaeffer@outlook.com

Herstellung und Verlag: BoD – Books on Demand, Norderstedt

ISBN: 9783746095752

Inhaltsverzeichnis

(LB = Logbucheintrag)

Logbucheintrag 1 - Prolog

Willkommen. Willkommen bei dieser Reise, ein Ausflug, der einer der fundamentalsten der Menschheit ist. Es passiert öfter als vier Mal in der Sekunde, ca. 132.675.000-mal pro Jahr, dass ein Kind das Licht der Welt erblickt. Und doch ist jedes dieser Ereignisse einzigartig, jedes dieser Abenteuer hat seine eigene Geschichte, voller Emotionen, die uns wachsen lassen und auch an den Rand der Verzweiflung bringen. Es ist eine neue Begegnung mit dem Leben, die uns die unendliche Liebe deutlich offenbart, uns aber auch manchmal an unsere Grenzen stoßen lässt. Wenn wir es annehmen, beschenkt uns das Universum hier gleich doppelt – mit dem Wunder, das wir Leben nennen, einerseits. Und die Möglichkeit, die sich für uns an den Grenzen bietet – innerlicher Wachstum. So wie durch unser Zutun ein Kind das Licht der Welt erblicken wird, wird uns durch Selbsthingabe die Gelegenheit gegeben, unser wahres Selbst zu erkennen und wie der Phönix aus der Asche emporzusteigen.

All das ist das Wunderwerk des Lebens.

40 Wochen gibt uns die Natur durchschnittlich Zeit, um uns auf den neuen Erdenbürger vorzubereiten, um ihm oder ihr die Ankunft auf der Erde so harmonisch wie möglich zu gestalten. Auf die behagliche Zeit im Mutterleib folgt eine Phase der kalten Gegenwart mit eigenartigen Gesichtern, seltsamen Schauplätzen und merkwürdigen Traditionen. Wir Menschen haben oft schon die größten Schwierigkeiten damit, etwas Neues zu lernen, egal ob es sich dabei um das Erlernen einer Fremdsprache handelt oder das Bedienen des neuen Smartphones. Und jetzt stelle man sich vor, man hat nicht die geringste Ahnung von gar nichts – Sprechen, Gehen, menschliche Ge-

pflogenheiten und noch so viel mehr. Das alles muss erst in einem jahrelangen Prozess erarbeitet werden, bei dem wir als Eltern die Chance haben, unsere Einfühlungsgabe unter Beweis zu stellen. Kein Kind ist wie das Andere, jedes hat seine eigene Gabe, die es in die Welt bringen möchte. Dazu gehört eine Individualität des Wesens, und wir sind dazu eingeladen, diese zu erforschen.

So können wir den anfangs winzigen Geschöpfen Weggefährten auf ihrem Weg zur Berufung, ihrer wahren Natur und ihrem Schöpfergeist sein. Auf ihre Bedürfnisse eingehen und ein wirklich persönlicher Elternteil werden. Und damit meine ich keine antiautoritäre Erziehung oder sonstige Konzepte, die es geben mag, das alles kann niemals eine Begleitung mit Präsenz für den Augenblick ersetzen.

Doch alles über den Haufen zu werfen, was man gelernt hat und auf das man selbst sein ganzes Leben, bewusst oder unbewusst, programmiert wurde, ist einfacher gesagt als getan. Tief in uns selbst ist das alles schon vorhanden. Eine Idee davon, welche Schritte die Menschheit setzen könnte, um den Garten Eden auf der Erde zu bewohnen. Und die größte Hoffnung für einen Paradigmenwechsel dieser Dimension sind die jetzt noch Kleinsten unter uns Menschen – unsere Kinder. Wir haben es mit ihnen in der Hand.

LB 2 – Vorwort

Wenn ich mich vor wenigen Jahren in einer Rolle so gar nicht gesehen habe, dann war das die des Papas. Nun, das Leben hatte, wie so oft, andere Zukunftspläne als meine vertrauten Ideologien. Denn genau dort findet Leben statt, beim Ende der eigenen Grundsätze, des Egos. Als ich vor fast 3 Jahren meine Freundin Astrid kenngelernt habe, lag schon eine kleine Revolution in mir in der Luft, aber dass diese Renovierung des Selbst so kraftvoll ausfällt, hätte ich mir beim besten Willen nicht vorstellen können. Meine Freundin hat bei diesem Transformationsprozess eine entscheidende Rolle gespielt, dafür bin ich unermesslich dankbar. Es war ein Weg, der anfangs undurchschaubar war und erst mit der Zeit seine Bestimmung offenbart hat.

Es war und ist eine Reise, die mich mehr und mehr dort hinführt, wo ich ursprünglich schon war: bei mir selbst. Der Blick durch den Schleier, der sich im Laufe des Lebens entwickelt, lässt uns das aus den Augen verlieren. Die 40 Wochen, in denen ich Astrid durch die Schwangerschaft begleiten durfte, waren ein Weg für das Erblühen des Lebens. Eine neue Seele für die Welt, die in ihr herangereift ist, und die Entstehung einer Mama und eines Papas. Wie schon William Barclay gesagt hat: *Im Leben des Menschen gibt es zwei bedeutende Tage – der Tag, an dem wir geboren wurden, und der Tag, an dem wir erkannt haben warum.*

LB 3 - Woche 6

Es war ein harter Tag. Schlecht geschlafen, Stress in der Arbeit, Stau – irgendwie funktioniert heute nichts so richtig. Ich bin einfach nur froh, wenn ich daheim ankomme und auf der Couch liegen kann um wieder zu mir zu finden. Noch ein Blick aufs Smartphone, Astrid hat mir geschrieben. Ob ich nicht doch für eine halbe Stunde zu ihr kommen kann, sie möchte mir unbedingt etwas sagen, heute noch, unbedingt persönlich. Ich mache mich also auf den Weg, die Gedanken kreisen im Kopf, es muss wirklich etwas wichtiges sein, sonst ist das in den zwei Jahren, in den wir uns kennen, noch nie vorgekommen. Sie wird doch wohl nicht...

Während der 20-minütigen Autofahrt ahne ich es schon, aber vielleicht geht es doch um etwas anderes? Innerlich versuche ich mich auf alle Eventualitäten vorzubereiten, wohlwissend, dass es mich kurz nach Ankunft aus den Socken hauen wird.

Aus Sicherheitsgründen nehme ich also auf der weichen Couch Platz. Astrid ist sichtlich nervös und es hat den Anschein, dass dieser Tag nicht spurlos an ihr vorübergegangen ist. Ohne lange um den heißen Brei zu reden, frage ich gerade aus: „was ist los, bist du schwanger?", noch mit einem Unterton, der vermuten lässt, dass ich diese Frage nicht ganz ernst meine. Stille. Ich schaue ihr in die Augen. Gewissheit. Bumm.

Was in diesen Sekunden in mir vorging, ist kaum in Worte zu fassen. Die menschliche Sprache ist für Gefühle dieser Art untauglich. Ein Feuerwerk der Sinne, es ist als ob man alle verfügbaren Emotionen in diesem Moment abruft, bis kurz danach aus Kapazitätsgründen alles aufhört und man einfach nur glücklich ist, einzigartig glücklich. Man möchte die ganze Welt umarmen, und beginnt bei diesem wunderbaren Menschen, der im Begriff ist, neues Leben in die Welt zu bringen.

Eine Umarmung, die an Warmherzigkeit kaum zu überbieten ist. Ein Gefühl von tiefer Verbundenheit, Liebe und Einheit. Gleichzeitig rasen Gedanken durch den Kopf, alle und keine. Alleine dieser Moment verändert alles. Eine Flut neuer Aufgaben bahnt sich an, mit denen man noch nicht mal ansatzweise in Berührung kam. Und dann ist da wieder die Liebe. Sie gibt die tiefe Überzeugung, was auch kommen mag, man wird jede Situation meistern, egal wie herausfordernd sie auch sein mag. Das muss doch der Schlüssel zu einem glücklichen Leben sein, denn genau dieses Gefühl nimmt einem die Angst, welche uns von einem erfüllten Dasein abhält.

Zwei verbrauchte Schwangerschaftstests haben sich also aussichtsreich gezeigt, doch kann man diesen Hochspannung erzeugenden Teilen zu 100% vertrauen? Um alle Unklarheiten zu beseitigen, soll sich das doch der Arzt mit Ultraschall einmal ansehen.

LB 4 - Woche 6

Die Anspannung und Vorfreude beherrschen den Tag. Auch wenn beide Schwangerschaftstests positiv waren, möchte man keine voreiligen Schlüsse ziehen. So sitze ich in der Arbeit, wenig produktiv, da meine Gedanken heute ganz wo anders sind. Zum Glück stehen heute keine Termine oder für das Unternehmen essenzielle Tätigkeiten an, da diese sonst mit großer Wahrscheinlichkeit in den Sand gesetzt würden. Um halb 4 besteht dann endlich Gewissheit. Nur die Zeit bis dorthin scheint sich in die Länge zu ziehen, dem Zeiger auf der Uhr scheint langsam der Sprit auszugehen, so langsam, wie er sich bewegt. Dann endlich ist es soweit, das alle 10 Minuten aufs Smartphone schauen hat ein Ende. Unser kleines Glück ist wohlauf. Wow. Ein neuerlicher Moment der Freude, der nicht zu beschreiben ist. Es ist als ob in diesem Augenblick alle Synapsen aktiv sind, die Neurotransmitter auf Hochtouren laufen und man die ganze Welt umarmen möchte.

Noch vor einem Jahr konnte ich mir beim besten Willen nicht vorstellen, ein Kind zu haben. Mehr noch, ich habe mich richtig dagegen gewehrt. Wenn nebenan an Kindergeburtstag stattfand, dachte ich nur, dass mir das hoffentlich erspart bleibt, es war ein fremdartiges Gefühl. Ich war mir auch ziemlich sicher, dass mich dieses Vater-Ding überfordern würde. Als hochsensibler Mensch sind die Aufnahmefilter anders ausgeprägt, man ist schnell überfordert mit dem Alltag, wenn man nicht gut auf sich Acht gibt. Und vor allem kleine Kinder weinen und schreien, das kann doch nicht zusammenpassen. Ohne es damals zu wissen, war meine größte Angst, dass ich dem Kind kein guter Vater sein könnte, der ständig überfordert ist, nicht bei sich selbst ist und so nicht ausgeglichen für eine gute Erziehung bzw. Beziehung sorgen kann. Ich komme ja kaum mit meinem eigenen Leben zurecht, wie soll das denn mit Nachwuchs funktionieren? No way.. In diesem Jahr ist viel passiert, was wohl der entscheidende Faktor war: ich bin geblieben. Wie auch sonst hätte ich wieder die Flucht antreten können, und ich kann gut rennen. Doch diesmal blieb ich und stellte mich meinen Problemen Aug in Aug gegenüber, ein epochales Duell wie David gegen Goliath. Ich habe so lange gekämpft, bis ich mit der weißen Fahne kapituliert habe. Mein Gegner war nicht Goliath, sondern ich selbst. Klar hätte ich auch das Ego gewinnen lassen können, aber ein Teil in mir wollte sich dem Leben voll und ganz hingeben. Dieser Teil war das Selbst, oder wie man immer es auch nennen mag. Ich danke dir, Selbst. Wo wäre ich heute, wenn es dich nicht gäbe? Diese unbeschreibliche Freude, diese Liebe wäre sonst auf der Strecke geblieben. Dass ich irgendwann Vater werden könnte, konnte ich mir zu diesem Zeitpunkt schon vorstellen. Aber auf diese Nachricht war ich nicht vorbereitet und würde es auch niemals sein. Man könnte genauso gut versuchen nicht zu erschrecken, obwohl man genau weiß, dass in den nächsten Sekunden eine Bombe neben einem einschlägt. Nun ist es also Gewissheit. Zu den Glücksgefühlen drängen sich in diesem Augenblick gefühlte 1000 Fragen. Was ist zu beachten, wo nehmen wir das Geld her, wie wechselt man Windeln, wie, ja, wie sollen wir das machen, wir haben doch keine Ahnung! Doch intuitiv weiß man, wenn man gefühlsmäßig handelt und dem Kind seine ganze Liebe schenkt, kann gar nichts schieflaufen. Vertraue der Liebe, sie liegt niemals falsch.

LB 5 - Woche 7

Von Glücksgefühlen beflügelt, will man die frohe Botschaft seinen Liebsten mitteilen, ja, man möchte in die Welt hinausrufen: „Wir sind schwanger!" Die Resonanz auf diese Mitteilung war erstaunlich. Die Wärme, mit der das eigene Herz gefüllt wurde, war deutlich bei den Empfängern der Nachricht spürbar. Der Raum wurde jedes Mal mit wunderbaren Gefühlen durchtränkt, wie ein Schluck vom Zaubertrank sozusagen. So fühlt man sich wie Miraculix, der seine edlen Tropfen an die Leute verteilt.

Auch wenn es sonst scheint, als würde alles aus dem Ruder laufen, ist allein diese Nachricht ein Lichtblick, die einem die Welt wieder mit anderen Augen sehen lässt. Die rosarote Brille, nur ohne billige Suggestionen wie alles ist gut, nein, ein lebensbejahender Reality check. Selbst wenn es in der Familie Konflikte und Differenzen gibt, für diesen Augenblick werden das Kriegsbeil und alle anderen schweren Geschütze vergraben. Vielmehr entsteht wieder eine Einheit, von der man eigentlich gar nicht mehr wusste, dass diese eigentlich die ganze Zeit da war. Dass die Familie, so sehr man sich untereinander auch manchmal nicht riechen kann, von Anfang an ein Rückhalt ist, vergisst man leicht. *Denke nicht an das, was dir fehlt, sondern an das, was du hast* (Marc Aurel).

Langsam beginnt auch das Denken nach diesem Rausch wieder. Wie bereitet man sich am besten vor? Väter gibt es ja viele, aber man selbst will es am besten machen. Am Ende des Tages will man sich doch schließlich den Pokal für seine epochalen Leistungen abholen. Bester, und vor Allem coolster Papa, mindestens des Universums.

Frauen, so wurde mir berichtet, neigen eher dazu, sich so viele Ratgeber wie möglich zu beschaffen um ja keine Eventualität auszulassen. Das hat etwas von Gebrauchsanweisungen oder Zusammenbau-Anleitungen, also brauche ich das? Ich will hier viel mehr auf meine Intuition hören. Das Leben wird seinen Weg finden. Und wie mein Arbeitskollege es so schön formuliert hat: „Ich gebe dir einen Rat: lass dir keinen Rat geben!"

Es gibt da draußen bestimmt genug Bücher, die dir für die Beziehung mit deinem Kind hilfreich sind. Und es gibt Menschen, die dir aus eigener Erfahrung nützliches berichten können. Aber welche von diesen Ratschlägen und Tipps soll man umsetzen, wer hat denn nun „Recht"? Da steh ich nun, ich armer Tor! Und bin so klug als wie zuvor. Einen kurzen, guten Ratgeber habe ich allerdings bis jetzt gelesen, ich gestehe. Es ging darum, sich voll und ganz auf den Nachwuchs einzulassen und mit der Zeit die Signale des Babys zu deuten, da sich diese auf ihre ganz eigene Art uns mitteilen. Das ist also des Pudels Kern!

Lese die Bedürfnisse des Kindes, so einfach ist es also. Es wird sich noch zeigen, wie sensationell ich diese Ratschläge an mein Vater-Ich von meinem bald-Vater-Ich in 8 Monaten halten werde.

LB 6 - Woche 7

Die Gewissheit, dass es bald neues Leben in der bald nicht mehr kleinsten Familie der Welt geben wird, macht sich langsam im Alltag bemerkbar. Neulich kam ich von der Arbeit nach Hause und habe mir die aktuellen Angebote in den Flugblättern durchgesehen. Ich sehe einen Artikel und will schon umblättern, da senden die aufgenommenen Daten eine Meldung ans Gehirn. Der Verstand glaubt dem Aufgenommenen nicht so recht und bittet um eine Verifizierung wovon soeben Notiz genommen wurde.

Muttermilch?! Nein, das muss durch einen zweiten Blick geprüft werden. Oder hat hier wirklich ein findiger Produzent eine Marktlücke entdeckt? Wird es bald Farmen geben, die neuen Lebensraum für Mütter schaffen, um Sie dann zwei- bis dreimal am Tag zu melken?

Unglaubliche Szenen spielten sich in dieser von meinem Verstand in Sekundenbruchteilen produzierten Utopie ab. Als ich wieder zurückblätterte, war mir augenblicklich klar, dass man als werdender Papa manche Dinge anders wahrnimmt als zuvor – die vermeintliche Muttermilch entpuppte sich als Müllermilch.

Gerade erst eineinhalb Wochen sind vergangen, seitdem mir von unserem kleinen Glück berichtet wurde. Wenn mein Gehirn schon jetzt Informationen so assoziiert, welche Ausmaße wird das denn noch annehmen? Werden sich Nachrichtensprecher in Kleinkinder verwandeln, die von einer nie dagewesenen globalen Milchkrise und einer rasanten Zunahme ausländischer Spielwaren sprechen?

Viel hat sich also jetzt schon umgestellt. Man merkt, es ist ein Wandel im Anmarsch. Es war einmal ein Mensch, nennen wir ihn Ich, dieses Ich wurde vollkommen geboren. Nun ist dieses Ich ausgereift in seinen Grundzügen, ihm fehlt aber etwas auf seinem Weg, um seine Bestimmung zu finden. Mit einem Kind bietet sich die Möglichkeit, einen Wandel zu verwirklichen. Das bisherige Selbst, das alleine seine Bestimmung nicht gefunden hätte, hat jetzt die Chance sich voll und ganz dem neuen Leben hinzugeben, sich selbst aufzugeben.

So kann die Synthese stattfinden. Das alte Ich, das sein bisheriges Leben auf der Suche war, hat nun die Hoffnung seiner Berufung näher zu kommen. Es ist egal, wie steinig der Weg für das Ich bis hierhin war, alles Vergangene kann angenommen und mit Frieden losgelassen werden.

Eigentlich erstaunlich, dass ein im Moment gerademal 7mm großes kleines Wesen eine Welt dermaßen verändern kann. Und man kann es ohne Ultraschall noch nicht mal sehen oder hören, es ist einfach nur da. Einen Wandel herbeizuführen ist oft einfacher, als wir uns vorstellen.

LB 7 - Woche 8

Es ist bald soweit und ich werde die Räumlichkeiten des Onkel Doktors, der gewöhnlich nur in weiblichen Intimbereichen tätig ist, von innen sehen. Schon im Vorhinein ein eigenartiges Gefühl. Schon über die Zeit im Warteraum mache ich mir Gedanken. Wie verhält man sich dort als Mann, in einem Bereich, der überwiegend den Frauen vorbehalten ist? Vielleicht unterhalten sich die Damen ja dort über ihre Probleme in unteren Gefilden, oder wer weiß, welche Dinge sich hier sonst noch abspielen, es ist schließlich ein Ort, wo sich das weibliche Geschlecht sicher vom männlichen wähnt! Da mir bewusst ist, was Männer in solchen „sicheren" Räumen tun und es für sich behalten, was wird mich wohl erwarten?

Es bleibt nur zu hoffen, dass ich mich von diesem Erlebnis jemals wieder erholen werde, in Anbetracht der schrecklichen Dinge, die laut meinem Verstand passieren werden. Möglicherweise werde ich diesen Moment aber gar nicht erleben, da die zu Raubtieren gewordenen Ladys versuchen, mit angespitzten Fingernägeln, inklusive auflackiertem Totenkopf, dem Eindringling ein grauenvolles Ende zu setzen! Dort angekommen wird mir dann doch schnell klar, dass ich wahrscheinlich nicht das erste männliche Wesen bin, das diesen andächtigen Raum betritt. Mit großer Wahrscheinlichkeit wollten schon mehrere Papas ihr nur wenige Millimeter großes Glück über Ultraschall beobachten. Nach einiger Wartezeit betreten wir den Raum, wo meine Freundin sich Bereiche untersuchen lässt, zu denen sonst nur ich Zutritt habe. Eigentlich ist klar, wie das ablaufen wird. Eine Flüssigkeit wird über den Bauch verteilt, dann wird mit dem Ultraschallgerät der Bereich abgesucht, bis man ein gutes Bild vom werdenden Leben hat. Das kennt man ja auch so von Filmen. Was ich im Moment noch nicht verstehe, warum sich meine Freundin in der Kabine die Hose inklusive Unterwäsche auszieht. Vielleicht ein Versehen, weil das sonst üblich ist, exhibitionistische Züge hat sie ja keine. Sie legt sich auf den, hm, speziellen Stuhl, doch auch der Arzt hat nichts gegen ihre Nacktheit bauchabwärts einzuwenden. Na gut, warum auch immer, ich werde das nicht hinterfragen, so wie zuhause fühle ich mich dort dann doch nicht. Aber dann - Männer, alle die ihr das zum ersten Mal macht, seid gewarnt - wird ein phallusähnlicher Gegenstand zur Hand genommen, ein Schutz darübergestülpt und mit Gleitcreme bestrichen, ja und dann.. Flutsch! Wieso sagt mir den niemand, dass in den ersten Schwangerschaftsmonaten Untersuchungen auf diese Weise durchgeführt werden? Darauf hätte man mich doch vorbereiten müssen! In diesen Sekunden rasseln so viele Eindrücke auf mich ein, dass mein Verstand nicht in der Lage ist, ordnungsgemäß zu funktionieren. Denn nur kurz darauf ist der winzige Körper auf dem Bildschirm zu erkennen. Man erkennt noch nichts, auch wenn der Arzt meint, sämtliche Bereiche schon lokalisieren zu können. Er könnte genauso gut auf den Kopf zeigen und sagen da sind die Beine, die restlichen Anwesenden würden es mit einem Ah-ja bestätigen. Doch dann wird es noch viel spannender. Der ausgefeilten Technik des Doktors ist es doch tatsächlich möglich, schon in diesem frühen Stadium der Schwangerschaft den Herzschlag abzuhören. Man kann den Herzschlag deutlich hören, tack tack, tack tack. Was für ein tolles Gefühl. Das erste Mal, dass man ein deutliches Lebenszeichen von seinem Kind wahrnimmt. Es war ein Gefühl von Freude und Gänsehautstimmung. Mein erster Besuch beim Frauenarzt hat sich also mehr als gelohnt, und mir auch neue Erfahrungen beschert.

LB 8 - Woche 8

Dieser Logbucheintrag findet ausnahmsweise in einer anderen Lokalität, außerhalb vom Büro, statt. Ein Ort, dem ich jedem Mann empfehlen kann, der wieder mehr zu sich finden möchte und im Einklang mit seinem Selbst sein will. Eine abgelegene Hütte, weg von der Zivilisation, vom Alltagsstress und sämtlichen Plichten.

Wir sind oft so mit unseren Aufgaben und der Monotonie im täglichen Leben beschäftigt, dass unserem wahren Ich kaum mehr Luft zu atmen bleibt. Wir Menschen haben die essenziellen Werte und Kräfte des Universums noch nicht deutlich genug gehört und versuchen ständig Lösungen für Probleme zu finden, die durch Lösungen für andere Probleme entstanden sind. Ich bin mir zwar vieler Dinge bewusst, aber anscheinend nehme ich zutiefst menschliche Angelegenheiten auf dem Spielplatz Erde noch immer zu ernst. Durch den von uns genannten Faktor „Stress" ist die Freude auf das kommende Ereignis doch rapide gesunken. Und die Gedankenmaschinerie ist angesprungen: wenn so schon wenig Zeit bleibt, wie soll ich mich dann voll und ganz auf den Nachwuchs einlassen, mit reiner Liebe und Hingabe? Ist ein stetiges Bewusstsein für diese Aufgabe überhaupt möglich, wenn schon im Alltagsleben ein Gefühl der Überforderung vorhanden ist? Menschheit, was haben wir uns angetan?

Um wieder meine ureigene Lebensenergie zu spüren, waren schon mehr als 3 Tage nötig, um das pure Leben wieder zu erleben. Kein Whatsapp, Facebook und Co, aber was brauchen wir eigentlich, um ein (glückliches) Leben zu führen? Weiser Mann, der einmal behauptete weniger ist mehr. Jetzt im Moment fühle ich, dass das die idealen Bedingungen wären, ein Kind großzuziehen, und das ganz ohne Sicht der Urlaubsbrille. Die westliche Wertegemeinschaft hat sich zu einer Nachwuchsfeindlichen Hemisphäre entwickelt. Die Nazis werden doch wohl nicht den Krieg gewonnen und es uns verschwiegen haben? Es gibt einige wirklich wundervolle Dinge für uns Menschen, ein neues Wesen auf seinem Weg ins Leben zu begleiten steht ganz oben auf dieser Liste.

Eine wertvolle Zeit für alle Eltern ist die Karenzzeit, es gibt ja auch Lichtblicke. In den letzten Jahren wurde diese Zeit auch für die Papas forciert, der berufliche Alltag zeigt uns zumindest im Moment noch Grenzen dafür auf, in den meisten Firmen wird das immer noch nicht gerne gesehen. Wenn man nach einem fordernden Tag zu seinen Liebsten heimkommt, ist es einfach zu wenig, nur zu funktionieren. Manche von uns funktionieren ihr ganzes Leben, ohne sich selbst bewusst zu werden, es tut weh wenn man von Kindern hört: Papa, du bist nie für uns da. Und genau um das geht es, da zu sein, in seiner vollen Präsenz. Kinder sind unser größtes Gut, sie haben die Möglichkeit, es besser zu machen als die Generation davor. Ihnen stehen alle Türen offen, die Welt zu einem besseren, friedlicheren Ort zu machen. Das wird ohne unser erwachtes Bewusstsein wahrscheinlich nicht stattfinden. Doch es wird Zeit, und ich kann fühlen, dass diese Zeit gekommen ist, der nächste Schritt der Menschheit. Viva la (R)Evolcuion!

LB 9 - Woche 9

Die Urlaubswoche neigt sich dem Ende zu. Ein richtiger Männerurlaub, ich und die Natur, eigentlich alles, was ich brauche. Alles Andere, das ich besitze, ist reiner Luxus, oder manchmal auch zu viel zum Leben. Das Leben beschenkt uns schließlich im Überfluss.

Und eins der wunderbarsten Geschenke wurde mir ja vor kurzem überreicht, das göttliche Geschenk des neuen Lebens.

Es ist nichts Falsches daran, wenn Jemand den Wunsch hegt, keine Kinder zu haben. Ich selbst habe mich noch vor einem Jahr heftig gegen diese Vorstellung gewehrt. Nein, das möchte ich mir lieber nicht antun. Diese ganze Verantwortung, die Jahre, die man dafür aufbringen muss, dreckige Windeln wechseln - auf keinen Fall, ich bin glücklicher ohne Nachwuchs.

Irgendwann habe ich allerdings aufgehört, mich gegen diesen Gedanken zu widersetzen. Alles Tun und nicht Tun ziehen lassen, einfach nur Sein. Die Nachricht selbst hat mich aber trotzdem wie Thors Hammer getroffen, da haben alle Schutzschilde nichts geholfen.

Das ist alles real, das passiert wirklich, nur so richtig realisiert man es erst mit der Zeit. Besonders in einer ruhigen Zeit, in der man für sich selbst sein kann und das Leben mit jedem Atemzug spürt. Alle Ängste weichen einem tiefen Vertrauen. Etwas wie Mangel und Sorge wird von uns Menschen künstlich erzeugt, es ist alles so, wie es sein soll. Wir können Garnichts falsch machen, denn alles passiert aus einem Grund. Unser wahres Ich hat sich diesen Weg ausgesucht, und darauf können wir vertrauen.

Es wird ganz bestimmt nicht alles so laufen, wie wir uns das vielleicht vorstellen, hinter alldem steht aber immer ein Plan.

Und das ist alles weit mehr als ein Heile-Welt Geschwätz. Wenn wir nach diesen Prinzipien leben würden, könnten wir unseren Planeten tatsächlich zu einem wundervollen Ort verwandeln. Nicht nur für uns, sondern auch für unsere Kinder und Kindeskinder. Schon alleine das gibt unserer Zeit hier Sinn.

Für einen bevorstehenden Paradigmenwechsel sind unsere Kinder das wichtigste Gut, denn wenn man auf genau auf den Atem den Universums hört, kann man den Wind der Veränderung schon spüren. Es bläst Wind in die Segel der Menschenkinder.

Morgen kann ich wieder meine Baby-Mama umarmen. Diese Zeit alleine ist für einen Mann essenzielles Lebensgut, ob das jetzt eine Hütte im Wald oder eine Auszeit am Strand ist. Nehmen wir uns diese Zeit. Für unsere Kinder.

LB 10 - Woche 10

Es ist schon eine spannende Zeit. Man erlebt Woche für Woche, wie das Kind wächst, sich entwickelt und sich seinen Weg zum Menschsein ebnet. Vor ein paar Wochen war ein nur wenige Millimeter großes Etwas zu erkennen, jetzt sind schon ganz deutlich der Kopf, Körper und Gliedmaßen am Ultraschall zu lokalisieren. Der Körper des Kindes erinnert im Moment zwar noch die grauen Wesen, die angeblich Menschen entführen und Versuche mit ihnen machen, aber trotzdem unglaublich, wie schnell diese Entwicklung voranschreitet. Und da sind sie auch wieder, diese unbeschreiblichen Glücksgefühle, zu wissen, dass alles so ist, wie es sein soll, dass unser Leben hier einen Sinn hat.

Langsam stelle ich mir auch Fragen, wie das Kind sich wohl entfalten wird. Ein ruhiges Kind so wie ich es war, mit reichlich Schlafbedarf und pflegeleicht, oder doch eher lebhaft und einfallsreich für die wachsamen Augen von Mama und Papa? Der letzte Besuch beim Onkel Doktor lässt, zumindest fürs erste, den Anschein der zweiten Variante erwecken. Selbst in diesem doch noch recht frühen Stadium der Schwangerschaft hat sich unser kleiner Glücksfall selbstbewusst präsentiert. Es hat den Kopf bewegt, Arme und Beine, es war fast wie ein pränataler Auftritt mit gekonnter Selbstinszenierung. Das Publikum wurde sofort in seinen Bann gezogen, alle haben vor Freude gelacht. Ein Entertainer von Anfang an.

Natürlich kann es aber auch ganz anders kommen. So bewegend diese Darbietung auch war, wäre ein Schubladendenken hier fehl am Platz. Wie oft haben wir zu hören bekommen, dass sich Eltern sicher waren, dass ihr Kind ein Fußballer wird, so heftig wie es getreten hat, oder ähnliche „Vorahnungen". Wir stecken selbst Menschen, die wir noch nicht kennen sofort in Schubladen, eine kurze Momentaufnahme mit Augenkontakt lässt uns schon vermuten, mit wem wir es zu tun haben. Wie wir uns hier täuschen können! Unser menschliches Gehirn greift zum Großteil auf Erfahrungen und bereits Erlebtes zurück, wir leben gewissermaßen in unserer Vergangenheit, bzw. erleben Dinge immer wieder, bis wir bereit sind aufzuwachen und dieses Spiel zu durchschauen.

Und wo wäre dieser Schritt für eine bessere Welt angebrachter als bei neuem Leben, der Zukunft dieses Planeten. *Come as you are / As you were / As I want you to be* – ein zweischneidiges Schwert dieser Songtext, der bestimmt Vielen noch bekannt ist. Zugleich beschreibt er ziemlich deutlich, wie zahlreiche Eltern ihre Kinder nach ihren Vorstellungen formen.

Lassen wir doch sämtliche Erwartungen bleiben und geben uns voll dem Leben hin, nehmen wir alle Geschenke wertfrei an. Das ist einer der Schlüssel zum Glück für uns und unsere Liebsten.

LB 11 - Woche 11

So sehr ich es mir selbst auch vornehme, alles einfach auf mich zukommen zu lassen, ertappe ich mich doch ab und zu, über die Zukunft nachzugrübeln. Schaffe ich es wirklich, der Vater zu sein, der sein Kind jeden Moment liebt, ihm alles verzeiht und in jeder Situation einen kühlen Kopf bewahrt? Werde ich ausreichend Zeit mit dem Nachwuchs verbringen können, und überhaupt, können wir uns das eigentlich finanziell leisten?!

Obwohl mir einerseits sehr deutlich bewusst ist, dass so etwas wie Mangel dem menschlichen Verstand entspringt, gehen die Gedankengänge doch manchmal in eine Richtung, die mich dazu veranlasst, den Kopf zu schütteln, um diesen Gedankenhafen zu verlassen und den Kurs wieder auf Cool Daddy zu setzen. Steht doch schon in der Bibel, in den Psalmen Davids, geschrieben: der Herr ist mein Hirte, mir wird es an nichts mangeln. Uns diese Wahrheit zu vergegenwärtigen, fällt nicht immer leicht. Wir werden schließlich täglich mit Unmengen an Werbung überschwemmt, die uns förmlich anschreit und unmissverständlich zu verstehen gibt, dass wir diesen Gegenstand und jenes Produkt zweifellos brauchen werden, um uns glücklicher und vollkommener zu fühlen.

Nur ist es eben so, dass wir schon vollkommen geboren wurden. Jegliches Mangelgefühl wird von uns selbst produziert, unser Verstand suggeriert uns, dass wir Etwas von Außerhalb benötigen, um die Leere aufzufüllen. Dabei liegt der Ausweg genau auf der anderen Seite - nicht außen, sondern innen. Wir können noch lange die Taktik „wenn ich dieses oder jenes bekomme / habe, wird es mir besser gehen" ausprobieren, die mit großer Wahrscheinlichkeit wieder zu einem neuen Mangelgefühl führen wird. Oder wir lösen uns endlich von der Angst, dass wir so, wie wir sind, nicht genug sind, und fangen an zu leben. Denn für uns ist gesorgt, schon von Anfang an. Das Leben nimmt vielleicht ab und zu Wege, mit denen wir nicht einverstanden sind, weil wir uns das anders vorgestellt hätten, und doch geschieht alles nur zu unserem Besten.

Wenn ich abends den noch ganz kleinen Babybauch meiner Freundin massiere, ist es, als ob ich mit dem kleinen Wunder schon jetzt kommuniziere. Ob es diese Schwingungen wirklich wahrnehmen kann weiß ich nicht, ich glaube aber daran. Und das alleine erschafft diese Realität. Ich gebe ihm schon jetzt alle Liebe, die bedingungslos ist, und vermittle ihm Sicherheit und Geborgenheit. Die Sicherheit, dass für alles gesorgt ist, wenn das Licht der Welt erblickt wird. Welche Mittel uns hier auch zu Verfügung stehen werden, es wird keinen Mangel geben.

Es kann de facto nichts schiefgehen, ich werde somit genau der Vater sein, der ich sein soll. Jetzt müsste das nur noch irgendjemand meinem inneren Zweifler bestätigen..

LB 12 - Woche 12

Die Familie wurde über das freudige Ereignis relativ schnell informiert, dass die Mama jetzt Oma und der Papa Opa wird, wollte ich ihnen nicht lange vorenthalten. Astrid konnte es auch nicht erwarten ihren Freundinnen zu erzählen, diese Informationsweitergabe habe ich bis diese Woche ganz gemütlich raus gezögert, das mag vielleicht auch mit meiner angeblichen Eigenschaft zu tun haben, dass man mir alles aus der Nase ziehen muss. In der Ruhe liegt eben die Kraft.

Als erstes sollten es zwei Freunde erfahren, die selbst vor kurzem auch das unbeschreibliche Glück hatten Papa zu werden, in ihrem Fall schon das zweite Mal. Menschen also, die diese Glückseligkeit auch schon spüren konnten. Ich fing also an mit der Erzählung und habe mich in diesem Moment wieder mit dem Augenblick verbunden, bei dem eine Bombe hätte neben mir einschlagen können, ich hätte es nur peripher registriert. Und auch jetzt noch fängt meine Stimme leicht zu beben an, das Freude-Level in meinem Körper nähert sich dem vollgeladen Betriebsmodus. Die Begeisterung in meinem Gesicht wird von Gegenüber gespiegelt, es wird angestoßen und gratuliert, gefolgt von einigen W-Fragen.

Einer der Zwei sagt mir, dass seine Frau ihn noch gefragt hat warum ich mich treffen will, ob die Astrid vielleicht schwanger ist? Wieder ein Indiz dafür, dass Frauen spezielle Antennen für so etwas haben. Ein eingebautes Bodenradar, das bei erfolgreicher Befruchtung im Freundeskreis sofort ein Signal auslöst und sie nur noch ermitteln müssen, wer dieses Objekt ist. Der Grundstein der Informationsweitergabe ist nun also gelegt, die Nachricht können und sollen die Zwei natürlich auch zuhause weitergeben.

Am nächsten Tag habe ich von ihren zwei großen Mädels daheim so herzliche Nachrichten bekommen, diese gelebte Freude war nicht zu überlesen. Das war wieder ein Moment, der mir ganz deutlich gezeigt hat, dass wir alle eins sind. Ausgehend von einer Singularität, von der alles Leben ausgeht, deren Funken wir alle in uns tragen. In unserem teilweise rauen Klima haben wir verlernt, uns mit anderen zu verbinden, obwohl dies eigentlich der ursprüngliche Seins-Zustand ist. Solche Momente sind wie Balsam für die Seele.

Manchmal müssen wir anscheinend daran erinnert werden, was wir tief in uns drinnen eigentlich schon wissen. Ein kleines Guten Morgen, dass wie Koffein auf den schlafenden Körper wirkt.

Das alles wird das Kind schon bei seiner Geburt wissen. Schon in dieser Anfangsphase ist uns der Nachwuchs einen Wissenssprung voraus, er kann sich uns nur nicht in der Form mitteilen, die wir Menschen uns antrainiert haben, dafür sind dann die Eltern da. Genauso wie wir lernen können, die Kommunikation des Babys zu spüren, denn Kommunikation findet nicht nur in der Sprache statt.

LB 13 - Woche 13

Guter Rat ist teuer – dieses Sprichwort kommt auch bei werdenden Eltern nicht von ungefähr. Natürlich ist jeder Experte auf seinem Gebiet, denn schließlich hat er oder sie ja schon diese Aufgabe hinter sich und weiß somit, wie man mit dem Nachwuchs umzugehen hat. Die einzig mir vernünftig erscheinende Antwort darauf kann sein: Ihr liegt alle falsch!

Die gut gemeinten Ratschläge entstehen aus den Erfahrungen, die die Mamis und Papis mit ihren eigenen Sprösslingen gemacht haben, und da liegt auch schon der Hund begraben: das Leben spielt sich nun mal nicht nach einem linearen Muster ab, das schöne und paradoxe zugleich ist, dass alles eins ist und doch so individuell. Wir tragen also alle den gleichen Ursprung allen Lebens in uns, gleichzeitig herrscht in unserem Universum eine wunderbare Diversität.

Was sich also bei einem Kind als zielführend erwiesen hat, kann bei einem anderen völlig verkehrt sein. Es ist natürlich nichts Schlechtes daran, sich einen Rat zu holen. Jeder kommt einmal an den Punkt, an dem die persönlichen Lebenswegweiser das GPS-Signal verlieren und man sich Hilfe holt. Menschen sind auch da um anderen Menschen zu helfen, sie tun es Tag für Tag, jede Sekunde davon. Und im Austeilen guter Ratschläge sind die Menschen Meister. Gefährlich wird es, wenn jemand, der nichts weiß, aber glaubt alles zu wissen, eine Empfehlung abgibt. Dann gibt es aber auch die Sorte von Mensch, die einem wirklich zuhört und individuell auf die Anliegen eingeht. Von solch einem wissenden Wesen lasse ich mir gerne einen Rat geben.

Ich habe aber nie verstanden, warum wir gelehrt wurden, dass, je älter ein Mensch ist, umso mehr wir von ihm lernen können. Mit dem Alter kommt die Weisheit, doch wenn ich mir Leute im fortgeschrittenen Alter ansehe, trifft bei den meisten eher das Gegenteil zu. Das Leben ist nun mal in Bewegung und dieses Paradigma ist die natürliche Beschaffenheit der menschlichen Entwicklung.

Was will mir nun jemand, der selbst Kinder bekommen hat und sich während dieser Zeit selbst Ratschläge geholt hat, von Jemandem, der sein Wissen wieder von einer anderen Person hat und dieser Mensch aber ganz falsch lag? Selbst wenn dieser Mensch, so wie alle anderen, nur helfen wollte, einen allgemeingültigen Ratschlag gibt es nicht.

Wir haben bei dieser Flut an Informationen ganz vergessen, dass wir selbst die Lösung für all unsere Probleme sind. Wir sind durch das laute Ausrufen von Vorschriften für unser Leben taub geworden für unsere innere Stimme, die uns und unserem Nachwuchs wie eine Fackel im Dunkel leuchtet. Und zusätzliche Ratschläge können wir sinnvoll nutzen, wenn wir gelernt haben, sie nicht einfach hinzunehmen, sondern sie zuerst mit unserem Herzen zu überprüfen. Was für eine Welt wäre dann wohl möglich?

LB 14 - Woche 14

Das ganze Leben ist immer in Bewegung. So wie es für Menschen vor 150 Jahren noch unvorstellbar war, einen Fernseher zu besitzen, so selbstverständlich ist es für uns heute. In geraumer Vorzeit wurde noch nicht einmal ein Gedanke an diesen technischen Fortschritt verwendet, wenn dieser Mensch nicht gerade Da Vinci, Tesla oder Einstein hieß, war so eine Entwicklung bei weitem nicht abzusehen, also einfach nicht vorstellbar. Dieser Umstand spielt wahrscheinlich auch eine Rolle dabei, von welchen Menschen in meiner Umgebung ich einen Rat annehme. Vor 60 oder auch vor 30 Jahren, die Zeit, in der sich in meinem familiären Umfeld Generationenwechsel vollzogen haben, waren die Rahmenbedingungen einfach andere, die äußeren Umstände teilweise noch durch Krieg gekennzeichnet. Umstände, die für uns heute kaum vorstellbar sind, und man kann nur hoffen, dass das Tier Mensch irgendwann aus der Erfahrung lernt und uns dieser Wahnsinn erspart bleibt.

In solchen Zeiten handelt der Erdenbürger anders, wenn nur das nackte Überleben zählt, werden andere Aspekte in den Hintergrund gestellt. Wir haben heute aber die Möglichkeit, es besser zu machen. Nach einem langen Schlaf kommt wacht die Menschheit immer mehr auf, wenn man bedenkt, dass unsere Spezies noch relativ jung ist und wir vor 10.000 Jahren vielleicht noch in Höhlen gehaust haben, eine beachtliche Entwicklung im Vergleich zum Alter unseres Planeten. Die Früher-war-alles-besser-Attitüde passt doch am besten zu grantigen Leuten, die mit der natürlichen Bewegung des Lebens nicht zurechtkommen, Stillstand ist der Tod gefällt mir da schon besser. Nur warum soll ich mir von der älteren Generation da Ratschläge erteilen lassen, auch wenn sie noch so gut gemeint sind? Soll alles so weiterlaufen wie bisher und sich die ganze Geschichte widerholen? Denn das ist es ja, was seit 1000en von Jahren passiert. Es wird Zeit, diesen Kreislauf zu durchbrechen und Platz für eine neue Generation zu machen, die Ideen haben wird, die für mich jetzt noch undenkbar wären. Wenn wir aber alle Ratschläge von unseren Verwandten befolgen und unsere Kinder vielleicht erziehen, genau so, wie unsere Eltern es gemacht haben, wie soll dieser Wandel dann stattfinden?

Vielleicht haben viele meiner Generation auch schon eine Er- bzw. Beziehung genossen, die in diese Richtung geht. So muss es auch sein, denn es gibt bereits jetzt so viele wundervolle, erwachte Menschen, die uns ihr erleuchtetes Wissen auf ganz natürliche Weise vermitteln, sozusagen wie ein Joe Jedermann. Das war selbst vor 30 Jahren mit ein paar spirituellen Yogis noch eine ganz andere Situation, dieses Level galt damals für die meisten noch als unerreichbar. Aber, wie schon erwähnt, das Leben ist ständig in Bewegung und entwickelt sich weiter. Geben wir unseren Kindern also von Beginn an die Möglichkeit, an diesem feinfühligen Leben teilzuhaben. Es ist alles noch so viel mehr, als wir uns zu träumen wünschen. Geben wir ihnen die Chance auf den nächsten Quantensprung in der Menschheitsgeschichte, für unser Wohl, deren und der Generation danach.

LB 15 - Woche 15

Schon vor einiger Zeit habe ich in einem Buch, in dem es eigentlich um das menschliche Gehirn ging, am Rande etwas über Kindererziehung gelesen. Wobei Erziehung hier nicht das richtige Wort ist, in diesem Kontext ist Beziehung die passendere Bezeichnung. Die beschriebenen Eltern, in diesem Fall der Ko-Autor, hat beschrieben, mit welcher Anschauung seine Tochter herangewachsen ist. Das, was sie von Anfang an ihrem Nachwuchs geben wollten, lässt sich in einem Wort beschreiben: Liebe. Diese fünf Buchstaben sind wohl die mächtigsten der Welt. Es ist die einzigartige Kraft, die uns alles schaffen lässt, die uns wachsen lässt, uns mit allem verbindet, was ist. Liebe ist das stärkste Gefühl, dass uns geschenkt wurde. Und genau diese Liebe wollten sie ihrem Kind schenken, bedingungslos. Egal, was es anstellt, ob es ruhig ist, laut schreit, „ungezogen" ist, sie wollten ihr in jeder Situation mit dem Gefühl begegnen, von dem alles Leben auf diesem Planeten ausgeht. Sie wurden im Vorfeld selbst von Bekannten gewarnt, dass das keine gute Idee wäre, so wird das Kind ja schließlich nicht gut vorbereitet auf die raue Welt da draußen. Die Eltern haben sich allerdings in ihrer Denkweise nicht beirren lassen und diese Entscheidung keine Sekunde bereut. Ihre Tochter ist mit all der Liebe herangewachsen und genau das hat ihr Umfeld später auch gespürt, sie wurde weder ausgestoßen noch von den anderen Kindern aufgezogen, ganz im Gegenteil. An diese Zeilen kann ich mich noch heute gut erinnern, obwohl damals Kinder noch überhaupt kein Thema waren, ich war und bin heute noch tief beindruckt von diesem Akt der Hingabe.

Und in gewisser Weise stellt mich das auch vor ein Dilemma: was, wenn diese Form der Begegnung mit dem eigenen Kind nach hinten losgeht? Etwas zu lesen und es für sinnhaft zu halten ist die eine Sache, die Wirklichkeit, vor die man später gestellt wird, die andere. Da mein Gemüt und meine Weisheit noch Welten von der eines Jesus oder Buddha entfernt sind, stelle ich mir die angemessene Frage, wie es mit dieser Liebe in delikaten Situationen aussehen wird.

Man nehme eine schauderhafte Szene, die die meisten von uns schon bei anderen Eltern beobachten konnten - Wer: Mama oder Papa allein mit Kind, Lokalität: öffentlich. Die vorhergehende Episode ist unbekannt, der nun nicht zu überhörende Vorfall lässt keinen Spielraum für andere Gedanken. Die Rede ist von den kleinen Engeln, die sich, je nach Gepräge, mit ihrem schrillen Organ oder mit Händen und Füßen partout dagegen wehren, jetzt weiterzugehen oder sonst einen Wunsch der Elternteile zu erfüllen. Wie werde ich in solch einer Situation wohl reagieren, wenn alle Blicke auf mich gerichtet sind und ich im Rampenlicht der Meute stehe? Kann ich dem Kind alle Liebe dieser Welt geben oder versuche ich mich daran zu erinnern, wie Spock den vulkanischen Nackengriff ausgeführt hat? Ich denke, dass man, so schwierig die Situation auch sein mag, niemals aus den Augen verlieren sollte, dass das Kind eben Kind ist und kein auf diese Welt programmierter Erwachsener. Und das man vor Allem eines niemals vergessen sollte: die fünf Buchstaben, die mit L beginnen.

LB 16 - Woche 16

Es gibt, wenn es um die Erziehung der Kinder geht, ja viele verschiedene Haltungen seitens der Eltern, ich möchte hier auf zwei ganz verschiedene eingehen: auf der einen Seite die Erziehungsberechtigten, welche der Meinung sind, ohne harter Disziplin und Verboten wird aus dem Kind nichts werden, also eher eine Oldschool-Ansicht. Früher war ja schließlich auch alles besser und eine „gesunde Watschn" hat noch niemandem geschadet. Die Newschool-Variante davon geht eigentlich in eine ganz konträre Richtung: das Kind soll dürfen, was es will, ohne rohe Autorität erzogen werden und niemals soll Gewalt angewendet werden. Ich habe in meiner Kindheit auch noch das Privileg einer „gesunden Watschn" genießen dürfen. Es ist fein, wenn es tatsächlich Menschen da draußen gibt, denen, so wie es der Volksmund will, diese Art der Zurechtweisung nicht geschadet hat. Die Schmerzen sind physisch zwar relativ schnell abgeklungen, psychisch habe ich diese Erinnerungen bis ins Erwachsenenalter mitgenommen. So schön meine Kindheit im Großen und Ganzen auch war, diese Begebenheiten kommen mir teilweise noch heute als erstes in den Sinn, wenn ich diese Zeit Revue passieren lasse.

Es ist also für mich keine Frage, welche Art der Erziehung ich für die hoffnungsvolle Entfaltung des Kindes für vorteilhaft halte. Wir in unserer Zeit finden den Weg zu uns selbst oft nur dann, wenn er mit vielen Steinen gepflastert ist, die uns im Weg liegen. Es ist, als ob wir zuerst kilometerlang die Einbahnstraße entlang fahren, um erst durch einen Unfall zu erkennen, dass die Lösung des Problems eigentlich schon offensichtlich war, wir diese nur nicht gesehen haben.

Highway to hell als tägliche Routine sozusagen. So rasant die technische Entwicklung auch fortschreitet, hat man manchmal den Eindruck, als würde der Mensch aus der Geschichte, was die persönliche Entwicklung betrifft, nicht lernen. Doch relativ still ist auch hier alles in Bewegung, man muss nur ganz genau hinhören. Wir könnten für unsere Kinder also etwas möglich machen, was für viele von uns noch undenkbar gewesen ist, nämlich den Weg zur Selbsterkenntnis ohne so viel Leid zu erfahren, indem man ihnen von Anfang an Wegbegleiter und kein Ausbilder ist. Wie das alles, so richtig es sich anfühlen mag, in der Praxis umzusetzen ist, ist die Kehrseite des ganzen. Es hat sich ein schmeichelnder Name für auffällige Kinder gefunden, die antiautoritär erzogen werden: das Arschloch-Kind. Dieser Begriff findet häufiger als sonst Verwendung, und bezugnehmend auf diese Erziehungsvariante pochen viele wieder auf die körperliche Züchtigung. Freunde von Astrid haben uns von der Begegnung mit dieser Spezies erzählt - ein niedlicher Teufelsbraten, der aufgescheucht herumläuft und dabei ohne Unterbrechung mit Fäkalwörtern herumwirft. Den Eltern war dieses Verhalten egal, ganz antiautoritär also. Vielleicht liege ich hier falsch, aber das fühlt sich für mich so an, als ob hier etwas schiefgelaufen wäre. Was ist denn aber nun richtig, was falsch? Ich denke, dass für jeden der Weg ein individueller ist und wir Ideologien nur am Rande beachten sollten. Und wieder dorthin zurückgehen, was uns von Anfang an geschenkt wurde: zu unserem Gefühl und zu unserer Intuition.

LB 17 - Woche 17

Nun steht in dieser Woche wieder ein Besuch beim Frauenarzt an. Der Schrecken vom letzten Mal ist verarbeitet, diesmal werde ich darauf gefasst sein, wenn der Untersuchungsstab in Tiefen vordringt, die für gewöhnlich nur von meinem besten Stück besucht werden. Dieser Termin wird für uns ein weiterer Höhepunkt des Elternwerdens sein – falls das kleine Lebewesen weiterhin so zeigefreudig ist wie bisher. Wir werdende Eltern haben fest damit gerechnet, dass es heute soweit sein wird und wir das Geschlecht unseres Babys erfahren. Überraschungen wird es in den nächsten Monaten noch zur Genüge für uns geben, so wie sie alle Eltern das bei ihrem ersten Unterfangen, Kinder in die Welt zu setzen, gehabt haben, aber hier lassen wir unserer Neugier freien Lauf.

Der Volksmund sagt ja gerne, egal ob Bub oder Mädchen, Hauptsache gesund. Da diese Weisheiten nicht unbedingt weit oben stehen auf der Liste der Gelehrtheit, finde ich, die Liebe wäre an diesem Platz viel besser aufgehoben. Ob das Kind nun krankheitsfrei oder, so wie wir Menschen das definieren, nicht gesund, also anormal ist, ist nebensächlich, wenn man sich in voller Hingabe seiner Aufgabe widmet und dem Nachwuchs alle Liebe schenkt, die Eltern vorurteilslos ihrem Kind geben können. In dem Wort Aufgabe steckt ja ein Geschenk, dass uns allen gegeben wurde: Die Gabe. Das Wort kommt aus dem althochdeutschen *geba* und bedeutet in gehobener Sprache ein Geschenk. Und dieses Geschenk wurde uns gegeben, damit wir es wieder an andere Menschen weitergeben können, ein ewiger Zyklus, der uns das Werkzeug in die Hand gibt, die Welt für uns, unsere Nächs-

ten, für den Nachwuchs und somit für alle Menschen zu einem groß-
artigen Ort zu machen.

Wir finden uns also in der Praxis vom Onkel Doktor ein, diesmal gehe
ich die Sache schon lockerer an, das erste Mal habe ich ja schon hinter mir, ich bin also vom Greenhorn zum besseren Amateur aufge-
stiegen. Diesmal wird der Ultraschall auch erstmalig zusätzlich am
Bauch gemacht, jetzt sieht man von dieser Perspektive aus besser
und ich erspare mir, krampfhaft meine Blicke auf den Monitor zu
werfen.

Ganz ruhig liegt das Baby im Bauch von Astrid heute, dieser Ort
scheint trotz seiner räumlichen Enge für Wohlbefinden zu sorgen.
Die Chancen, heute das Geschlecht zu erfahren, sinken innerlich, als
der Doktor uns sagt, dass uns vom Nachwuchs heute der Hintern
gezeigt wird. Ist ja schließlich auch sein gutes Recht, erwidere ich,
schließlich haben wir ja vorher nicht um Erlaubnis gefragt, ob jetzt
gefilmt werden darf. Doch die Live-Sendung geht weiter, unglaublich,
wie sich das Kleine in den letzten Wochen entwickelt hat. Man kann
beide Gehirnhälften genau erkennen, sieht deutlich die Wirbelsäule
und in welcher Stellung es gerade liegt.

Mit den hochfrequenten Schallwellen sucht der Arzt weiter die Leis-
tengegend des Babys ab und wir sind weiter in der Hoffnung, dass
sein geschultes Auge etwas Muschelförmiges oder Wurmähnliches
entdeckt.

LB 18 - Woche 18

Der nette Arzt mit nicht zu überhörenden kärntnerischem Akzent sucht mit seinem Werkzeug weiter den Bauch von Astrid ab, fragt dann nach einer Weile: Was haben wir denn da? Gespannte Blicke auf das Gerät, ja was meint er denn? Er könnte mir alles auftischen. Wenn er jetzt sagen würde, dass man hier ganz deutlich den Kopf des Kindes mit seiner Sonnenbrille sieht, würde ich aufgrund mangelnder Identifikationskenntnis wohl nur fragen, wozu es die bei vorherrschender Dunkelheit braucht. Nochmal fragt er, die Stelle weiter abtastend, was wir hier haben, Astrid antwortet mit vorbehaltlicher Stimme: ein Mädchen? Und dann gibt er uns endlich den nötigen Hinweis, was wir hier sehen: „ein Spatzi". Die Erkenntnis aus dieser wieder einmaligen Erfahrung ist also: It's a boy!

Und wieder wird für ein paar Augenblicke unbeobachtet der Atem angehalten. 100 Gedanken schießen binnen Sekundenbruchteilen gleichzeitig durch den Kopf, dazu kommen unzählige Gefühle, die wild um einen tänzeln wie Muhammad Ali in seinen besten Zeiten. Ich weiß nicht, ob man als werdender Vater wirklich spüren kann, welches Geschlecht der Nachwuchs haben wird oder ob das möglicherweise nur eine Vermutung des Gehirns ist, aber ohne hier im Vorhinein irgendwelche Vermutungen anzustellen, habe ich mich immer wieder dabei ertappt, vom Nachwuchs in der Er-Form zu reden. Ganz nach dem Spruch, der schon einen langen Bart hat: egal ob Junge oder Mädchen, Hauptsache, Er ist gesund. Schon in diesen Sekunden merke ich, wie die eigene Programmierung aus der Kindheit schlagartig wieder allgegenwärtig ist. Wie man einen Jungen erziehen muss, welche Aktivitäten man mit ihm unternehmen sollte, wo die Grenzen zu setzen sind und so weiter. In eine ganz unterschiedliche Richtung wäre diese Fiktion der eigenen Erfahrung gegangen, wenn der Arzt keinen Phallus zwischen den Beinen gefunden hätte. Was wir glauben zu wissen und dementsprechend auch denken und handeln, ist zu einem Großteil aus Erfahrungen, die wir gemacht haben, entstanden. Bleibt unser Denken nur auf diese Wahrnehmungen beschränkt, ist eine Weiterentwicklung nicht möglich, wir bewegen uns auf der Stelle, wie eine Uhr, bei der der Sekundenzeiger an einer Stelle festhängt.

Denn wenn wir nur unseren Erfahrungen folgen, die wir mit anderen Menschen gemacht haben, die selbst nur danach gelebt haben, wird diese Programmierung so schnell kein Ende nehmen und es wird auch für die nächste Generation keine echte Weiterentwicklung geben. Und welchen Unterschied macht es denn, ob nun ein Männlein oder Weiblein zur Welt kommt? Jeder Mensch hat nun mal seine eigenen Bedürfnisse, so einzigartig wie wir sind. Ein Schubladendenken, dass wir schon im Vorhinein wissen, was das Kind brauchen wird, kann in den meisten Fällen nur kontraproduktiv sein. Weichen wir immer wieder ein Stückchen mehr von unserer Programmierung ab und fangen an, im hier und jetzt zu leben, alles andere ist Vergangenheit. Was wird wohl passieren, wenn der Fokus von sämtlichen Erziehungsmethoden zu Hingabe, Liebe und Präsenz gelenkt wird?

LB 19 - Woche 19

Unser Nachwuchs schließt sich also der Mehrheit an, das XY-Chromosom hat sich wieder durchgesetzt, 50,4% zu 49,6% ist das aktuelle Verhältnis Männer-Frauen auf diesem Planten. Wie es wohl sein wird, ein Baby zum Jungen und dann zum Mann heranwachsen zu sehen? Ich muss zugeben, dass ich mir das Papa-Sein mit einem Mädchen einfacher vorgestellt hätte. Wenn ich an meine Schwester und mich zurückdenke, war ich wohl der Part, der den Eltern mehr Kopfzerbrechen bereitet hat. Besonders in der Jugendzeit war ich alles andere als ein Engel, in einer anderen Zeit und einem anderen Land hätte ich wohl ganz vorne bei Che Guevara mitgekämpft. Zwecks mangelnder Waffenausgabe habe ich seinerzeit zuerst zu den Spraydosen gegriffen.

Um es ganz ehrlich zu sagen: So schön das Vaterwerden und die Vorfreude auch ist, manchmal jagt es mir auch Angst ein. Was passiert, wenn ich die gleichen Fehler wie meine Eltern mache? Vielleicht hatten auch sie damals die besten Absichten, kamen dann aber einfach mit der Situation nicht zurecht und haben dann ganz anders als in ihrer Vorstellung gehandelt. Wenn womöglich der Stresslevel so hoch wurde, dass irgendwann das Stammhirn die Kontrolle übernommen hat und sein Hoheitsrecht nicht mehr abgegeben hat. Gewissermaßen eine Erziehung nach dem Kausalitätsprinzip, das Kind tut etwas, Strafe wird angedroht oder folgt.

Meine Eltern wiederum haben ihre Erziehung von Eltern gehabt, die mitten in den Kriegswirren groß geworden sind. Die damalige Situation der Menschen ist von den Anforderungen und Bedürfnissen nicht mit dieser zu vergleichen, welche die Menschen jetzt, zwei Generationen später, haben. Statt die neuesten Posts auf Facebook zu lesen, ging es damals oft ums nackte Überleben. Dementsprechend wurden auch die Kinder großgezogen, die ihre Erfahrungen dann an die Generation Y weitergegen haben. Allerdings werden wir es ja jetzt anders machen, oder?

Doch was ist wenn das ganze Gerede über Selbstverwirklichung, Zeit für Familie und Freizeit nur heiße Luft ist und wir wieder in die gleiche Falle tappen wie die Generation davor? Sind wir wirklich so fortschrittlich, wie wir es glauben zu sein? Das Wichtigste wird wohl sein, dass wir authentisch an die Sache rangehen und fest an eine wirkliche Veränderung glauben. Positive Affirmation ohne den Reality Check aus den Augen zu verlieren. Die Erziehung nach dem Ursache-Wirkungsprinzip hatte bestimmt zu seiner Zeit seine Gültigkeit, doch wo stünden wir denn heute, wenn die Newtonsche Forschung, so bahnbrechend diese auch war und unermesslichen Wert für die gesamte Menschheit gebracht hat, weiterhin das gesamte Universum erklären würde? Es gäbe keine allgemeine Relativitätstheorie und der Quantensprung in der Physik hätte nie stattgefunden. Manchmal dauert es eben ein bisschen länger, bis sich ein Wandel vollziehen kann. Ich weiß nur, dass wir jetzt die Chance dazu haben. Was wir daraus machen, bleibt uns überlassen.

LB 20 - Woche 20

Die körperlichen Beschwerden von Frauen in der Schwangerschaft sind ja doch von Exemplar zu Exemplar unterschiedlich, aber spätestens wenn man mit vier Frauen darüber gesprochen hat, kennt man so gut wie alle möglichen Unpässlichkeiten. Es ist ja nicht so, dass ich dezidiert danach gefragt hätte, aber nach der Bekanntgabe des Gesundheitszustandes der schwangeren Freundin wurde mir ungefragt über die eigenen Leiden während der gebärenden Zeit berichtet. Von diesen Dingen kann Mann sich keine Vorstellung machen, der ganze Organismus verändert sich, und überhaupt die Vorstellung, ein neues Leben in sich zu tragen ist eine Erfahrung, die meine Vorstellungskraft übersteigt.

Was allerdings die Verhaltensmuster der werdenden Mama während der Schwangerschaft betrifft, sind die Erfahrungen des männlichen Geschlechts mit weitaus mehr Einblick in die Situation gesegnet. Wenn so etwas wie Schwangerschaftsübelkeit auftreten kann, aber nicht muss, scheint es ein unumstößliches Naturgesetz zu sein, dass Frauen ca. ab der Halbzeit mit dem Nestbau anfangen. Es scheint, als ob die Handlungsweise einem einzigartigen Qualitätsmanagementsystem entspricht, welchem die Damen intuitiv in der Schwangerschaft folgen. Spätestens ein Monat vor dem Geburtstermin muss schließlich alles fertig und vorbereitet sein, nicht auszudenken, was mit dem werdenden Papa geschieht, der diesen Termin versäumt. Diesen Ärger alttestamentarischen Ausmaßes wird man mit Massagen und Blumen nicht so einfach besänftigen können.

In dieser Woche hatte ich erstmalig das Vergnügen, bei Möbelhäusern in Galaxien vorzudringen, die ein Patrick noch nie zuvor gesehen hat: die Babyabteilung. Ich betrete hier also Neuland und muss als Greenhorn aufpassen, mir nicht das nächstbeste aufschwatzen zu lassen, also ist tarnen und täuschen angesagt. Denn sobald mich die routinierte Verkäuferin auf Ihrem Radar hat, klingeln bei ihr nach Identifikation des Novizen die Euronoten im Kopf. Wie ein Schaf unter Wölfen versuche ich, nicht erkannt zu werden, was aufgrund der heimtückischen Anordnung der Regale ein Ding der Unmöglichkeit ist. Mit der Zeit kann ich mir einen Überblick über das Produktprogramm und natürlich auch die Preise machen, die ganz genau unter die Lupe genommen werden.

Es hat den Anschein, dass überall, wo „Baby" draufsteht, automatisch ein Aufschlag von mindestens einem Viertel des tatsächlichen Preises verrechnet wird. Nachdem mir das erste Mal etwas übel wird und sich ein Anflug von Existenzangst breitmacht, schlage ich Astrid vor die Erstausrüstung bei Willhaben oder ebay zu ersteigern. Dieser Vorschlag wird ohne nachzudenken niedergeschmettert, was ich aber auch verstehen kann, schließlich will jeder auf seine Weise das Beste für sein Kind. Mir bleibt also nur die Möglichkeit, mich in diesem auf Reduzierung des Kontostandes ausgerichteten Dschungel als bremsende Kraft dienstbar zu machen. Und doch ergeben sich hier wieder zwei unterschiedliche Ansichten zu einem gemeinsamen, großartigem Ergebnis. Weil wir uns beide nur das Beste für unser Kind wollen.

LB 21 - Woche 21

Wir schreiben die 21. Woche, was bedeutet, dass wir schon mehr als die Hälfte der 40 Schwangerschaftswochen vollendet haben. Halbzeit also, ein markanter Punkt, den ich gerne in mein Schwangerschaftsvokabular mit aufnehme. Mit Wörtern wie Trimester kann ich so wenig anfangen wie afrikanische Inselbewohner mit Schneestürmen, also eher weniger. Für Fußballspiele habe ich schon längere Zeit kein besonderes Interesse mehr, doch die Halbzeitsituation ist hier eine ähnliche: ein kurzer Zeitraum der vermeintlichen Ruhe, wo weiter getüftelt und alles analysiert wird. Wie behält man das tadellose Ergebnis, ohne am Ende völlig erschöpft zu sein, oder, wie geht man mit den Fehlern der ersten Halbzeit um, damit das Ruder noch herumgerissen werden kann?

Das Schöne an den neun Monaten vor der Geburt ist, dass man sämtlichen Druck, den viele Fußballspieler bekommen oder sich machen, nicht haben muss. Man kann wieder anfangen, Dinge aus purer Freude zu tun und sich dem Leben hingeben, wie man es schon als Kind getan hat. Die Last der Verantwortung wird uns in erster Linie von einem Menschen auferlegt: von uns selbst.

Was wir nicht alles müssen, um den Kindern ein guter Vater oder Mutter zu sein: Geld verdienen, um den Kleinen Wohlstand zu bieten; „Erwachsen" werden, um ein gutes Vorbild zu sein, und, und, und. Ich selbst tappe auch immer wieder in diese selbst gelegte Falle. Wenn ich meine Wunschvorstellungen, wie ich ein guter Vater sein kann, im Kopf durchspiele, erzeugt das durch die Erwartungshaltung an mich selbst Druck. Es fängt schon damit an, dass dieses Streben nach Mehr in Wahrheit zu einem großen Teil nicht von mir selbst stammt, sondern durch Außenwahrnehmungen und interne Informationsverarbeitung von meinem Verstand zu einem Wunsch verarbeitet wird. Körperlich kann ich das in der Nähe des Brustkorbs und durch schnelleren Herzschlag spüren, dazu fühle ich mich unruhig. Dann stelle ich mir vor, wie es wohl wäre, wenn man zumindest einen Teil dieses ernsten Lebens links liegen lässt und sich voller Freude auf diesen Lebensabschnitt einlässt. Der Mensch hat sich im Laufe der Zeit ein Leben aufgebaut, das aus Terminen und Aufgaben besteht, die dem natürlichen Seins-Zustand nicht unbedingt entsprechen. Dass etwas faul ist auf diesem Planeten, habe ich schon in der Jugendzeit wahrgenommen, alles, was sogenannte Macht ausgeübt hat und den Menschen Gesetze auferlegt hat, wurde rebellisch in Frage gestellt.

Rebellen und Einzelgänger bewundere ich heute noch, denn häufig haben gerade diese Menschen das Potenzial, auf diesem Planeten etwas zu bewirken. Mein eigenes Rebellentum hat sich im Laufe der Jahre natürlich verändert, der rebellische Geist ist mir aber erhalten geblieben. Diesen Wesenszug werde ich auch nicht ablegen, weil ich bald Papa werde. Er ist ein Teil von mir und hat die Berechtigung, da zu sein. Denn ich möchte bei meinem Kind vor allem eines: Mich so zu zeigen, wie ich wirklich bin. Ohne Verstellungskunst, ohne Maske.

LB 22 - Woche 22

Der Nestbau ist schon im vollen Gange, sämtliche Kästen und Schränke konnten durch Marathondiskussionen und darauf folgenden Kompromissvertrag an ihren Platz gebracht werden, wo sie aus Sicherheitsgründen binnen Minuten an der Zimmerwand verschraubt waren. Reklamationen oder Beschwerden können also nicht mehr angenommen werden, durch das Bohren von Löchern in der Wand erlischt jede Gewährleistung.

Da, wie ja schon empirisch bestätigt, das traute Heim für den Nachwuchs allen werdenden Mamas ein besonderes Anliegen ist, wird das enge zusammenarbeiten mit dem Partner, nun ja, nennen wir es ein Kurs in Demut.

Allerdings muss ich Astrid den Wunsch für ein schönes Nest wirklich zugutehalten. Hier ist wieder etwas Schönes in der Partnerschaft zu beobachten: gemeinsames Arrangement, auch wenn es auf ganz unterschiedlichen Ebenen stattfindet, baut zusammen etwas Bedeutendes. Jeder übernimmt seinen Part, intuitiv wird alles so vorbereitet, damit es dem Nachwuchs an nichts mangelt und er sich voll entfalten kann. Und das macht eben jeder auf seine Weise, die sich später wie zwei Fragmente zu einem großen Ganzen zusammenfügen kann.

Für das räumliche Wohl unseres Kleinen wird bestimmt gesorgt sein, da habe ich keine Bedenken. Für einen Außenstehenden mag es vielleicht den Anschein haben, dass hier alles von der Frau organisiert wird und der Mann relativ unbelebt mitspielt, so wie die Mimik von Arnold Schwarzenegger in vielen Filmen. Und so wie es bei ihm kaum jemand bemerkt hat, bewegt sich aber auch bei mir sehr viel. Diese Neuordnung findet bei mir im Inneren statt.

Wie Gandhi es schon gesagt hat: *Sei du selbst die Veränderung, die du dir wünscht für diese Welt.* So schön dieses wohl bekannteste Zitat von ihm ist, so wenig wird es von der Menschheit gelebt. Sich selbst zu erkennen ist das größte Geschenk, das man der Welt geben kann. Diese frei wiedergegebene indische Weisheit bringt es auf den Punkt.

Und dieses Geschenk möchte ich meinem Kind geben, damit es mit meinem Beitrag aus seinem vollen Potenzial schöpfen kann und auf eine Art und Weise Mensch sein, wie es für uns vorgesehen ist. Mit all der Liebe und Fülle, die unser Dasein hier zu bieten hat. Es wird mich nicht weiterbringen, wenn ich mir vornehme, ein guter Vater zu sein. Der Wille war vielleicht da, nur auf den Boden der Realität wird man schnell wieder zurückgeholt.

In uns allen liegt der Schlüssel zu uns selbst, unserem wahren Ich, wir müssen nur die Verbindung zum göttlichen wieder herstellen. Sich selbst erkennen und das Geschenk weitergeben. Und von unseren Kindern erhalten wir ein besonderes Geschenk, oder wie der dänische Philosoph Søren Kierkegaard es ausgedrückt hat: *In den Kindern erlebt man sein ganzes Leben noch einmal, und erst jetzt versteht man es ganz.*

LB 23 - Woche 23

Die Erstausrüstung für den Nachwuchs wurde von Astrid schon zu einem großen Teil gekauft, Kinderwagen, Gitterbett und Stubenwagen können wir schon unser Eigen nennen. Der nächste logische Konsumschritt wird also die Kleidung für den Kleinen sein. Man darf darauf gespannt sein, ob wir im Laufe der Kindheit auch diese modischen Fehlgriffe machen, die uns schon unsere Eltern beschert haben. Neben dargestellter Nacktheit und eigenartigem Gesichtsausdruck ein wichtiger Grund, warum es mir immer wieder peinlich war, meine Babyfotos herzuzeigen. Unser Fokus wir für die ersten Monate auf warmer Kleidung liegen, unser kleines Glück erblickt das Licht der Welt im Jänner, nach neun Monaten im warmen Mutterleib wahrscheinlich doch eine dynamische Temperatur-Umstellung. Und da wir nicht wollen, dass gleich Dinosaurier-Endzeitstimmung bei ihm aufkommt, wird er mit sämtlichen Utensilien ausgestattet, die ihn schön warm halten.

Es schön warm zu haben, ist auch für viele von uns ein Grundbedürfnis geblieben. Ich liebe es, an den kalten Tagen ein richtig warmes Vollbad zu genießen, wenn die Temperatur des Wassers eine Spur wärmer wäre, könnte man durchaus einen Hummer darin gar machen. Wahrscheinlich erinnert uns dieses wohlige Gefühl während des Badeaufenthalts wieder an unserer eigene Zeit im Mutterleib, wo wir beschützt und rundum versorgt waren. Unsere ersten Erinnerungen, die wir als Mensch in diesem Körper hatten.

Wir fühlen uns nach diesen Momenten des Wohlbefindens wie neu geboren. So, als ob wir mit neuer Energie wieder neu durchstarten können, wie ein Neustart des Systems mit einer einwandfreien Anordnung der defragmentierten Dateien.

In der Zeit, die wir als Menschen auf diesem Planeten verbringen können, haben wir mehrfach die Möglichkeit einer Neugeburt. Altes und Vergangenes kann losgelassen werden und Raum für Neues, für den nächsten Entwicklungsschritt gemacht werden. Immer und zu jeder Zeit, so wie sich im Leben alles in Bewegung, in Schwingung befindet.

Es ist wie bei der Geburt eines Kindes: Wir verlassen unsere Komfortzone, um tief in einen dunklen Tunnel abzutauchen. Diese Tiefe löst in uns womöglich Angst und Zweifel aus, doch wenn wir alle diese Gefühle zulassen und uns nicht dagegen wehren, gehen wir durch das dunkle Tal in Richtung Licht, Richtung Neubeginn. Dort kommen wir an als neuer, veränderter Mensch, zumindest fühlt es sich so an, denn wir bleiben immer wir, in unterschiedlichen Entwicklungsstufen.

So, wie es Rainer Maria Rilke einmal treffend formuliert hat: *Jeder schafft die Welt neu mit seiner Geburt; denn jeder ist die Welt.*

LB 24 - Woche 24

Dieser Logbucheintrag ist ganz und gar der Freiheit gewidmet. Freiheit – ein großer Begriff, der schon seit Beginn der Aufzeichnungen vom Menschenskind verwendet wird. Für scharfe Denker, große Philosophen und einzigartige Wissenschaftler war diese gedankliche Einheit schon immer ein fester Bestandteil ihrer Arbeiten und des Denkens.

Wenn man verschiedene Menschen danach fragt, wie sie das Wort bzw. ihre Freiheit definieren, wird man umfangreiche Antworten bekommen. Jeder hat seine eigene Definition von Freiheit, der eine fühlt sich mit einem sechsstelligen Betrag auf dem Konto frei, dem anderen reicht es aus in der Natur zu sein, um sich frei zu fühlen. Es würde an dieser Stelle noch hunderte Definitionen geben, was aber vor allem wichtig ist, wie wichtig uns dieser Begriff ist und was wir damit verbinden.

Für meine Großeltern hatte das Wort eine ganz andere Bedeutung als heute für mich, das bringt der Wandel der Zeit mit sich. Wenn ich mir darunter einen Urlaub in der Natur vorstelle, war es für sie seinerzeit vielleicht ein Dach über dem Kopf zu haben. Ganz anders als in unserer heutigen „Luxusgesellschaft", in der die als solche bezeichnete Freiheit oft nur noch als Flucht vor sich selbst verwendet wird.

Der Wunsch vieler Menschen, die in den Kriegswirren gelebt haben, war es, dass die nächste Generation ein Leben ohne Krieg, in Freiheit leben kann. Dieser Wunsch hat heutzutage seine Gültigkeit nicht verloren. Unsere Kinder sollen in Freiheit aufwachsen und die Welt in all ihrer Blüte erleben dürfen. Aber welche Freiheiten werden den Kindern dann wirklich gegeben?

Viele Eltern sind der festen Überzeugung, dass sie wissen, was das Beste für ihr Kind ist. Sie treffen Entscheidungen zum Wohle ihres Kindes, sagen ihm, was es darf und was zu unterlassen ist. Grundsätzlich ein guter Weg, um den Kleinen auf dieser Welt Orientierung zu geben und ihnen die Gepflogenheiten der Menschen näherzubringen. Damit der Nachwuchs seinen roten Faden durch das Leben finden kann, ist die Beziehung, und ich schreibe hier bewusst Beziehung und nicht Erziehung, zu den Eltern von unschätzbarem Wert.

Die Frage ist hier nach dem Wie. Ist es eine liebevolle Begleitung ins Erwachsenwerden oder erinnern die Do's and Dont's eher an Full Metal Jacket? Mit all den Vorstellungen und Vorgaben, die Eltern an die Sprösslinge haben bleibt oft kein Platz mehr für freie Entscheidungen der Sprösslinge, die sich in erster Linie an den leiblichen Eltern orientieren.

Man kann den Kindern auch auf eine gefühlsvolle Weise begegnen, und was vor allem wichtig ist, ihnen zuhören. Ihre Wünsche und Ängste wahrnehmen, um auch den Kleinen ihre Freiheit zu ermöglichen: *Die Freiheit des Menschenliegt nicht darin, dass er tun kann, was er will, sondern, dass er nicht tun muss, was er nicht will* - Jean-Jacques Rousseau.

LB 25 - Woche 25

Die Stars und Filme von Hollywood besitzen in unserer Gesellschaft einen gewissen Stellenwert, man kann durchaus funkelnde Augen beobachten, wenn jemand von einem Film erzählt, der ihn begeistert und hingerissen hat. Sämtliche Stars besitzen einen Bekanntheits- und Beliebtheitsgrad, von dem die meisten Politiker nur träumen können, der Hype kommt einer Götterverehrung wie damals im antiken Griechenland gleich. Die Unterhaltungsindustrie hat ihren festen Platz in der Gesellschaft, das Schauspiel ist ein fester Bestandteil unseres Lebens geworden.

Mit dem Aufstieg der Traumfabrik hat sich zu dieser Zeit vor allem in den USA ein Wandel vollzogen, den man später auf der ganzen Welt beobachten konnte: Amerika verwandelte sich von der „Charakterkultur" zur „Persönlichkeitskultur", wie der Kulturhistoriker Warren Susman es formuliert hat. Sich selbst präsentieren zu können wurde immer wichtiger, eine Entwicklung, die bis heute kaum aufzuhalten war.

Wir präsentieren uns – und machen oft nichts anderes wie die Stars von Hollywood – wir spielen eine Rolle. Unsere Rolle, die wir z.B. in der Arbeit verkörpern – wir verhalten uns so, wie wir denken, dass die Rolle es von uns verlangt. Oft hören wir Arbeitskollegen, die man als zugeknöpft und grob eingeschätzt hat, dass diese privat ja gar nicht so seien. Für die verschiedensten Lebenssituationen setzen wir uns Masken auf, um uns zu schützen, nicht angreifbar zu machen oder dem zu entsprechen, wie es die jeweilige Aufgabe von uns zu verlangen scheint.

Vor kurzem wurde ich gefragt, ob ich mich schon in meiner Rolle als Papa sehe. Das hat mich zum Nachdenken gebracht. Habe ich wirklich vor, diesen Part so zu leben, dass ich ein guter Vater nach meinen Vorstellungen werde? Wir alle haben gewisse Vorstellungen davon, wie man dem Nachwuchs begegnen wird, wie man sich verhalten wird bzw. soll. Wird das Kind uns dann so sehen wie wir wirklich sind, oder nur die Rolle, die wir hier spielen?

Es ist auch hier die Angst, die uns davor zurückhält unser wahres Selbst zu zeigen. Um eine echte Beziehung zu unserm eigen Fleisch und Blut aufzubauen, ist Authentizität ein wichtiger Schritt. Das Schöne an einem authentischen Leben ist, dass man nicht lernen muss, seine Rolle zu spielen. Man kann einfach sein. Und gerade dieses Einfache ist in Wahrheit sehr schwierig. Wenn man die meiste Zeit des Lebens gelernt hat sich zu verstellen, ist der Weg zurück zu einem natürlichen Leben und Erleben oft kein einfacher.

Was aber fest steht, ist, dass sich dieser Weg lohnen wird, nicht nur für uns, sondern auch für diejenigen, denen wir es vor-leben. Eine Patentlösung auf dieser Reise gibt es nicht, das Leben des Einzelnen verläuft nicht linear. Es gibt auch keine Bestätigung dafür, dass alles nach Plan laufen wird. Aber zumindest den Versuch ist es wert.

LB 26 - Woche 26

Die Zeit vergeht wie im Fluge, wie man so schön sagt. 14 Wochen noch, dann werden wir unseren kleinen Noah schon in den Händen halten. Plötzlich auftretende Angst und Schrecken konnten noch nicht registriert werden, allerdings habe ich den Vorteil, dass mein Körper in den 9 Monaten keine Veränderungen vornehmen muss, sich ausdehnt und Flüssigkeiten produziert, die in ähnlicher Form sonst eher von Kühen bekannt sind.

Ich erweise hiermit meiner Freundin offiziell die Ehre, dass sie diesen Part übernommen hat. Die Natur hat sich durchaus etwas dabei gedacht, diese Bestimmung dem weiblichen Geschlecht zukommen zu lassen.

Man stelle sich unter gegebenen Umständen vor, der Mann würde für austragende Zwecke eingesetzt. Nicht auszumalen, welches Chaos auf der Welt ausbrechen würde, ein Szenario des Grauens. Nachdem öffentlich verkündet wird, dass von nun an Männer statt Frauen schwanger werden, würde sich zuerst eine breite Phalanx bilden, die diesen unerhörten Wunsch nicht akzeptieren und alles versuchen wird, um dieser Funktion zu entkommen. Nach langer Gegenwehr und Aufständen, in denen Zeter und Mordio gerufen wird, wird Mann sich vorerst der neuen Aufgabe stellen, um nach kurzer Zeit festzustellen, dass die schwierige Situation immer mehr zur Crux wird. Globale Aufstände werden die Folge sein, die männlichen Artgenossen treten in den Schwangerschaftsstreik. Binnen weniger Jahre wird klar, dass Lemuria und Atlantis tatsächlich existierten, und endlich auch der Grund für ihren Untergang: der Mann wurde schon damals zum gebären ausgewählt.

Aber rücken wir von diesen satirisch-schaurigen Vorstellungen einmal ab und sagen danke, dass alles so ist, wie es ist. Wie schon anfangs erwähnt, kommt es uns oft so vor, als ob die Zeit wie im Flug vergeht, genauso ist es mit unseren Gedanken, unseren Ängsten, unseren Visionen. Sie kommen und gehen, fliegen an uns heran, landen, und fliegen dann wieder weiter, Vergangenheit-Jetzt-Zukunft.

Das Hier-und-Jetzt ist der einzige Moment, in dem sich Leben abspielt, keine Millisekunde davor oder danach. Alle Ängste oder Sorgen, die uns die Elternschaft vielleicht bereiten mag, können angenommen werden, im gegenwärtigen Moment. Sämtliche Gedanken oder Gefühle haben ihre Berechtigung da zu sein, auch jetzt im Augenblick. Anstatt sie wie gewohnt zu bekämpfen können wir sie willkommen heißen, sie in Liebe sein lassen und Freundschaft mit ihnen schließen. Wir können mit ihnen lachen und mit ihnen weinen, wenn wir uns bewusst machen, was sie sind: ein Teil von uns. Leben wir unsere Ängste, und wer weiß, wohin sie morgen schon geflogen sind. So wie es Casper in einem Song formuliert:

Keine Angst! / Denn alles, was hier war / Ist morgen vielleicht schon egal / Außer Gefahr / Keine Angst! / Denn das, was du jetzt bist / Ist nicht, was du für immer sein wirst.

LB 27 - Woche 27

Um ehrlich zu sein, war ich mir nicht sicher, ob es diesen Logbucheintrag geben wird. Nicht einmal, ob das Schreiben überhaupt noch einmal zustande kommt. Ich war kurz davor, alles aufzugeben und es einfach sein zu lassen. Was war das denn alles wert, die ganzen Einträge mit idealistischen Vorstellungen des Elternseins und für eine bessere Welt, wenn am Ende vielleicht nichts davon mehr von Bedeutung ist? Was, wenn der ganze Idealismus der Philosophen nichts mehr als heiße Luft ist, und nicht, wie Christian Wolff es definiert, als „Veto gegen materialistische Konzeptionen"?

Um es ganz unverblümt zu sagen, manchmal ist die Welt ein riesiger Haufen Scheiße. Nach einer unruhigen Nacht hat mich eine Welle der Emotionen überfahren, all den Schmerz und das Leid, dass ich in meinem Dasein auf dieser Welt erfahren habe, war allgegenwärtig, wie ein Güterzug, der mich gnadenlos erfasst hat. Diese Gefühle waren real, nichts ausgedachtes, und es gab kein Entrinnen. Es war so etwas wie Weltschmerz dabei, schwer das in Worte zu fassen, andererseits auch gar nicht nötig, unser Hilfsmittel Sprache ist für manches ungeeignet, es gab in diesem Moment auch nichts zu sagen, sondern nur zu fühlen.

Mit all diesem Schmerz, der mich in diesen Momenten erfasst hat, war ich am Boden, unfähig zu handeln, es war wie in einem Horrorfilm, das ganze Grauen dieser Welt zu sehen. Zu diesem Zeitpunkt wollte ich aufhören, Mensch zu sein. Warum noch weitermachen, wenn man immer offen ist für neue Dinge, sich mit dem Fluss des Universums ausdehnt, Gutes tun möchte und dann so schmerzlich auf den Boden der Tatsachen zurückgeholt wird? Nein, das war mir zu viel, noch einmal möchte ich das nicht ertragen, ich habe schon genug mitgemacht in meinem Leben, das war ein Punkt, an dem es wirklich mehr als genug war. Für diesen ganzen Mist bin ich nicht auf diesem Planeten.

All das, was ich bis jetzt hier geschrieben habe, hat sich heuchlerisch angefühlt. Wie Möchtegern-Weltverbesserungstexte, die jedoch nicht mehr sind als ein Wassertropfen, der unweigerlich auf den heißen Stein zufliegt. Welchen Sinn macht es überhaupt sich Gedanken zu machen, die einem idealistischen Gedankenbild für die Welt entspringen, wenn selbst die größten Lehrer von ihrer eigenen Spezies bespuckt, verhöhnt und ans Kreuz genagelt werden? Hört dieser Wahnsinn irgendwann auf, oder müssen unsere Kinder das auch noch durchmachen?

Jesus war als Mensch ein großer Lehrer unter uns, der uns gezeigt hat, wie wir in unserem Dasein hier glücklich sein können, er hat uns einen Wegweiser gegeben. Das Leid, dass er dafür erfahren musste, ist einfach nur schrecklich. Doch was hat er gemacht – „Vater vergib ihnen, denn sie wissen nicht was sie tun".

Das ist wahres Heldentum. Deswegen lohnt es sich, weiterzumachen. Für dich, Jesus.

LB 28 - Woche 28

Die Erde dreht sich also wieder mal weiter, und die Zeilen in diesem kleinen Schriftgut werden fortgesetzt. Nach solch düsteren Tagen war ich immer froh, wenn es nach einer Zeit dem Gemüt wieder besser ging, nach dem Regen muss ja bald wieder Sonnenschein kommen. Doch diesmal ging es nicht mehr darum, das Wohlergehen rasch wieder herzustellen, hier waren die Gefühle zu heftig, um dies mit einem schlechten Tag oder einer depressiven Verstimmung abzutun.

Ich bin ganz bewusst in diesen Gefühlen von Schmerz und Leid geblieben, und habe nichts getan. Keine Ablenkung, keine Stimmungsaufheller, drug free, all natural. Das war, um nichts zu beschönigen, eine der schlimmsten Erfahrungen meines Menschseins. Den ganzen Tag bin ich wie ein Häufchen Elend im Bett gelegen, bereit, meinem Schöpfer entgegenzutreten. Tagelang habe ich keine feste Nahrung zu mir genommen, anfangs, weil ich es nicht für sinnvoll empfunden habe, diesen Schmerzkörper weiter mit Essen zu versorgen, als aber nach zwei Tagen klar wurde, dass ich wohl doch nicht wie ein Wesen aus Michael Jackson's Thriller abtreten will, ging es darum, durch Fasten einen klaren Kopf zu bekommen. Alle Versuche, um in dieser Situation mehr Klarheit zu bekommen, sind aber gescheitert.

Erst als ich Stift und Papier hergenommen habe und meine Gefühle deutlich formuliert und wahrgenommen habe, brach es aus mir heraus. Nach fünf Tagen Hoffnungslosigkeit kehrte Frieden in mein Leben ein. So wie sich der Himmel nach einer langen dunklen Schlacht wieder lichtet, war nach dem Fühlen, Zulassen und Niederlegen des

Schwertes eine Ruhe gegenwärtig, ein Schweigen in Gleichklang mit dem Universum.

Kurz darauf wurde mir klar, welcher Prozess hier in mir vorging: Transformation, Weiterentwicklung des Menschen. Eine Sequenz, die schon vor dem Eintritt in den Mutterleib stattfindet, eine Transformation zum Menschsein. Und diese Schwingung, die hier entsteht, tragen wir unser ganzes Dasein hier mit, es bleibt uns überlassen, ob wir zu diesem Beat mitschwingen oder ob wir dogmatisch an unseren Erfahrungen festhalten.

Lassen wir die Kinder, so gut es uns möglich ist, Tänzer sein. Helfen wir ihnen, das Drahtseil zu einer grünen Wiese zu machen. Von ihnen können wir lernen, die Gefühle wirklich zu leben, das Leben wirklich wahrzunehmen, ohne die selbst errichteten Mauern.

In eine Welt, in der das Denken und Grübeln nicht mehr so wichtig ist, so wie Bruce Lee einen Schüler unterrichtet hat: *Don't think, FEEL! It's like a finger pointing at the moon. Do not concentrate on the finger, or you will miss all of the heavenly glory.*

LB 29 - Woche 29

Es wurde schon einiges geschrieben übers Elternwerden, über Veränderungen, Entwicklung – schlicht über das Leben. Über einen neuen Lebensabschnitt, der für uns Eltern jetzt beginnt. Und ganz besonders darüber, warum wir diesen Weg beschreiten: weil ein neues Leben auf uns wartet, sich dafür entschieden hat, mit uns aufzuwachsen und ein Teil von uns zu werden. Ich möchte mich dieser Entwicklung, dieser Veränderung ganz hingeben, wie ein Surfer auf der Welle des Lebens.

Nun ist es an der Zeit, lieber Noah, mich das erste Mal persönlich an dich zu wenden, dies seien die ersten Zeilen, die nur dir gewidmet sind.

Mein Sohn, du hast beschlossen, wo du auch immer bis jetzt warst, diesen Teil deiner Existenz mit uns, Astrid und mir zu verbringen. Hast dich ganz bewusst auf diese Reise gemacht, um hier mit uns Mensch zu sein. Dafür hast du dich ganz bewusst entschieden, diesen Weg mit uns zu gehen. Die Gründe dafür weißt du am besten, im Laufe deines Lebens wird dir immer mehr bewusst werden, warum. Auf deiner Route möchte ich dich unterstützen, dir ein Weggefährte und Freund sein, möchte dir Halt geben und dir helfen, deine Richtung zu finden. Schon jetzt, zweieinhalb Monate, bevor du deinen ersten Atemzug auf diesem Planeten nehmen wirst, male ich mir aus, wie es wohl sein wird mit einem Kind im Arm, dich zu behüten und dich aufwachsen zu sehen. Rückblickend sind hier viele Anteile dabei, die ich in meiner Kindheit und Jugend vermisst habe. Vielleicht hat mein Papa vor meiner Geburt die gleichen guten Absichten und Wünsche gehabt, ist dann aber am Leben gescheitert. Eine richtige Bindung konnte er mit uns Kindern nie wirklich aufbauen. Aber vielleicht war genau das für mein Leben nötig, um es mit dir besser zu machen. Was das Leben bringt, kann man meist nie im Vorhinein sagen, es gibt keinen linearen Ablauf oder allgemeingültige Normen.

Vielleicht erleiden auch meine Vorhaben Schiffbruch, du sollst aber wissen, mein liebes Kind, egal was passiert, werde ich hinter dir stehen, auch dann, wenn ich vielleicht nicht in der Lage dazu bin. So wie du hier lernst Mensch zu sein werde ich lernen dein Papa zu sein. Lass uns gemeinsam diese Reise ins Unbekannte antreten, auf reibungslosen Geraden, auf unwegsamen Gelände, durch die Luft fliegend, am Boden kriechend, alles, was dazugehört.

Lieber Noah, du bist eingeladen, mit Astrid und mir mitzuschwingen. Alle Gefühle zu leben, auch wenn wir es vielleicht nicht immer verstehen werden, was gerade in dir vorgeht und du uns manchmal nicht verstehen wirst. Wir möchten dich Hand in Hand, mit aller Zuneigung auf DEINEM Weg begleiten. Wir lieben dich ♥

LB 30 - Woche 30

In etwas mehr als zehn Wochen werden wir unseren Kleinen wahrscheinlich schon bei uns zu Hause haben, die bis jetzt kleinste Familie der Welt wird um einen Teilnehmer erweitert. Wie wird es wohl werden, wenn wir mit dem neuen Erdenbürger dastehen, ganz auf uns alleine gestellt, und nicht den blassesten Schimmer von seinen Tagesgewohnheiten und Bedürfnissen haben? Wenn sich dann die Blicke von mir und Astrid treffen, mit einem unübersehbaren, riesigen Fragezeichen im Gesicht, jeder von uns darauf wartend, dass der Andere das Steuer übernimmt, und gleichzeitig wohlwissend, dass man dann nur des Wahnsinns Co-Pilot ist.

Hier werden uns viele neue Erfahrungen erwarten und wir werden viel dazulernen, auch über uns selbst. Erfahrungen, die unser Bewusstsein erweitern, uns aber auch an den Rand der Verzweiflung bringen können.

Jedes Kind hat seine eigenen Bedürfnisse, man kann hier nichts verallgemeinern. Auch wenn sie noch so klein sind, haben auch sie eine Vorgeschichte, ihr Seelenleben, welches sie zuvor geführt haben, ihre Zeit im Mutterleib und ihre Geburt, das alles schwingt mit und prägt ihre Natur. Ich fühlte mich oft nicht verstanden von meinen Eltern, muss aber auch zugeben, dass dies oft keine leichte Aufgabe war. Klare Ansagen kamen selten von mir, da musste man schon ganz feinfühlig zwischen den Zeilen lesen.

Sie haben damals mit Mitteln wie Strafe und Angst gearbeitet, der Ausgleich dafür waren ganz heftige Rebellenjahre im Teenager-Alter. Ich habe erst später bemerkt, dass dieser Ausbruch ein Mittel war, um auszudrücken, dass ich mit vielen Vorgängen auf dieser Welt nicht einverstanden bin. Damals war das die einzige Möglichkeit für mich, meine Gefühle auszudrücken. Jahrelang lief ich wie betäubt durch die Welt.

Trotzdem hat mich all das zu dem gemacht, der ich heute bin. Einerseits bin ich natürlich noch immer das ruhige Baby, der aufständische Jugendliche oder das angepasste Mitglied der Gesellschaft. Das alles bin ICH. Auf dem Weg dorthin, wo ich heute stehe, war ich mir selbst immer der beste Begleiter. Erst jetzt fange ich allmählich an, mich zu verbinden, mir Freunde und Lehrer zu suchen, einfach, in Schwingung zu gehen. Ganz alleine habe ich das wahrscheinlich nicht geschafft, meine Helfer waren nur nie etwas Greifbares oder Fassbares für mich. Auf meinem Weg habe ich mich oft alleine gefühlt, unverstanden und wertlos.

Ich danke Gott dafür, dass ich immer auf jemanden zählen konnte, der in der für uns nicht sichtbaren Welt zuhause ist. Und den Menschen, bei denen ich in einem wachen Zustand Hilfe gesucht habe. Wie sich unser Kleiner auch immer entwickeln mag, mögen diese Zeilen immer ein Hinweis für mich sein, ihm ein Begleiter, Freund und Wegweiser sein zu können. Von Anfang an und so lange, wie er sich es wünscht.

Kleine Freunde können sich als große erweisen – Aesop

LB 31 - Woche 31

Obwohl unser Kleiner erst in einigen Wochen das Licht der Welt erblicken wird, hält er uns jetzt schon ordentlich auf Trab. Nicht vielleicht, weil er nicht richtig im Mutterleib liegt oder dass etwas medizinisch nicht in Ordnung wäre. Bei jeder Unterschalluntersuchung hat er fleißig herumgeturnt, sein bestes Stück präsentiert und die Faust wie ein Boxer geballt, er hat sich gut entwickelt, alles so groß und so schwer, wie es der Onkel Doktor für gut befindet. Alles in Allem eine relativ Problemlose Schwangerschaft.

Er wirbelt aber jetzt schon das Leben von Astrid und mir gehörig auf. Auf einer anderen Ebene als der sprachlichen kommuniziert er jetzt schon mit uns, und wir mit ihm. Schon jetzt zeigt er uns unsere Grenzen auf und weißt uns auf die Stellen in unserem Leben hin, die angeschaut und gehört werden wollen. Was medizinische Ansichten betrifft, haben wir als Eltern teilweise ganz andere Vorstellungen, das liegt sowohl an unserer eigenen Programmierung als auch an den unterschiedlichen Erfahrungen, die wir auf diesem Gebiet gemacht haben. Tatsache ist, dass wir beide nur das Beste für unseren Noah wollen. Die Crux an der Sache ist, dass wir das beide auf ganz andere Weise möchten, und an diesen Punkten bzw. unterschiedlichen Ansichten entsteht Reibung.

Reibung, die durchaus in einen handfesten Streit ausarten kann. Doch genau an in diesen Momenten, wo man mit seinen Argumenten auf keinen gemeinsamen Nenner kommt und sich nur noch gegenseitig hochschaukelt, ist Platz für Wandel, wenn man sich den Gefühlen hingibt, ihnen Raum gibt und sie einfach sein lässt. Die gewöhnliche Reaktion von mir wäre hier gewesen, dass ich wütend geworden wäre, dann versucht hätte, dieses Gefühl beiseite zu schieben und mich aus Schuldgefühlen später entschuldigt hätte. Solche Muster zu erkennen fällt uns oft nicht einfach, wir spielen in solchen Situationen unser Programm ab, das für uns Jahre lang funktioniert hat, uns aber immer wieder die gleichen Situationen erleben lässt, ohne einen Fortschritt.

Die Wut war natürlich in diesem Moment trotzdem da, aber diesmal habe ich sie nicht unterdrückt, wie ich es sonst immer mache, weil sie ja, so habe ich es programmiert, nicht sein darf. Ich habe mich bewusst auf dieses Gefühl eingelassen, habe die Wut sein lassen, weil sie ein Teil von mir ist. Sich ganz einzulassen bedeutet nicht zwingend, rasend zu werden und Tische zu demolieren. Nein, einfach dieses Gefühl dort sein lassen, wo es ist, nämlich bei mir, ihm den Raum geben, den es braucht. Freunde unserer Gefühle zu werden bedeutet, immer mehr mit uns eins zu werden, unser wahres Selbst zu leben.

Und darauf machst du uns jetzt schon aufmerksam, lieber Noah. Danke für deine Anwesenheit, für deine Präsenz bei uns. Dafür, dass du da bist.

LB 32 – Woche 32

Ungefähr 40 Wochen gibt einem die biologische Uhr Zeit, sich auf das Elternsein vorzubereiten, um sich vom Erwachsenendasein zu zweit auf ein Leben zu dritt einzustellen, mit jemandem, der viel Aufmerksamkeit, Geduld und Liebe braucht. Der speziell am Anfang auf unsere Hilfe angewiesen ist, unsere Unterstützung und Verständnis braucht. Verständnis – gar nicht so einfach in Anbetracht der Sprachbarrieren.

Wie kompetent werden wir wohl sein, wenn es darum geht, die Kompetenz unseres Babys zu erkennen? In der weit verbreiteten Volksvorstellung ist es noch heute so, dass die Fähigkeit der kleinen Erdenbewohner, auf ihre eigenen Bedürfnisse zu schauen, oft übersehen wird. Sie sind aber durchaus in der Lage, zu kommunizieren und uns darauf hinzuweisen, was ihnen gerade fehlt oder was sie gerade brauchen. Sie benutzen nur ganz andere Mittel der Kommunikation dazu, was wir in Worten oder Taten ausdrücken, wird von ihnen so kommuniziert, wie es in ihrem Entwicklungsstadium gerade möglich ist. Auch wenn die Informationsübermittlung oft schreiend stattfindet und das für unsere Ohren nicht gerade ein Konzert der Lieblingsband ist, hat es meistens einen triftigen Grund, warum sich hier jemand lautstark bemerkbar macht. Denn in einer Welt, in der man von lauter Riesen umgebenen ist, die eigenartige Dinge tun, aufrecht gehen können und durch Sprache kommunizieren, kann es schon manchmal furchteinflößend sein. Man kennt schließlich die Abläufe und Spielregeln hier nicht, muss sich also auf die Riesen verlassen.

Hier gehen die Kinder eine ganz besondere Beziehung mit den Erwachsenen ein, es müssen nicht immer die eigenen Eltern sein, vielleicht ist es bei manchen auch der Opa oder die Tante. Kinder sehen die Erwachsenen in dieser großen Welt als ihren Anker, denn dieser Planet hat noch so viel Neues und Verwirrendes zu bieten, sie brauchen also jemanden, bei dem sie Halt und Sicherheit finden. Wir haben hier als Vertrauenspersonen der Kleinen eine wichtige Stellung in ihrem Leben eingenommen. Einerseits, um ihnen die Angst vor der großen, manchmal bedrohlich wirkenden Welt zu nehmen, ihnen liebevoll beiseite zustehen und andererseits, um sie bestmöglich auf ihr Dasein als Mensch vorzubereiten.

Was von den Erwachsenen gesagt und getan wird, ist für die Kinder ohne Makel. Denn was wäre denn, wenn sich die „Großen" irren würden, dann würde schließlich das komplette Chaos ausbrechen, Sodom und Gomorrha! Sie sind eben die Bezugspersonen, zu denen sie aufschauen, um festen Boden unter ihren Füßen zu behalten.

Ein großer Dienst, den wir unseren Babys geben können, ist ihnen Aufmerksamkeit zu schenken. Ihnen zuzuhören, auf ihre Bedürfnisse zu achten, einfach da zu sein. Denn selbst von den Kleinsten können wir Riesen noch so endlos viel lernen.

LB 33 - Woche 33

Ich habe genug, ich möchte das jetzt nicht mehr machen. Damit meine ich nicht die Zeilen, die ich hier schreibe, denn wenn es so wäre würde sich auf dieser Seite nur weißes Papier befinden. Eine Prüfung steht an, die mir von meinem Arbeitgeber um den Hals gehängt wurde, gegen die sich sämtliche Fasern in meinem Körper gewehrt haben, bis ich aufgrund der knappen Zeit beschlossen habe, dass in 5 Monaten auch noch Zeit dafür ist. Das hat nichts damit zu tun, dass ich mich hier vor etwas drücken will, in meiner Laufbahn habe ich schon mehrere zeitintensivere Ausbildungen absolviert, und das ohne große Komplikationen. Diesmal ist es anders. Ich kann mich mit dem Inhalt absolut nicht anfreunden, der Lerninhalt steht in vielen Punkten meinen Werten entgegen, vorzugsweise würde ich wie Lot diesem System den Rücken zukehren und die Anderen warnen, sich nicht wieder umzudrehen. Da im Moment die Wahrscheinlichkeit zur Salzsäule zu erstarren nicht besonders groß ist, mache ich diese leidige Prüfung trotzdem, nur eben ganz in meinem Tempo.

Wenn wir an unsere Kindheit zurückdenken, wie oft wurde uns da die Zeit gegeben, sich in unserer eigenen Geschwindigkeit zu entfalten, sich unserem persönlichen Wesen anzunähern? Falls ich während einer längeren Autofahrt Lust dazu bekomme, Musik zu hören, ist John Lennon häufig in meiner Playlist, besonders „Working Class Hero" höre ich immer wieder. Gleich am Anfang singt er hier: *As soon as you're born they make you feel small / By giving you no time instead of it all / Till the pain is so big you feel nothing at all.*

So unterschiedlich wir Menschen voneinander sind, so verschieden entwickeln wir uns auch. Wenn wir das zulassen, können wir so unendlich viel wechselseitig lernen, von der Resonanz zu unserem Nächsten einmal ganz abgesehen.

Das System, in welchem wir aufwachsen und leben, hat gewisse Normen, Standards und Mittel errechnet, die für den „Durchschnittsmenschen" passend sind. Eines der vielen Probleme, die sich dadurch ergeben, ist, dass es diesen Menschen nicht gibt. Man nehme einen Sportler, der beim Laufen einen durchschnittlichen Puls von 130 hat, stelle diesem einen Artgenossen gegenüber, der bei der gleichen Belastung 180 Schläge pro Minute dokumentiert. Beides können, je nach Veranlagung, „gesunde" Werte sein. Das Mittel liegt nun bei einem Puls von 155 – damit können Beide nicht viel anfangen.

Genauso wachsen unsere Kinder in ihrem eigenen Rhythmus auf, sie werden nur durch unser genormtes System oft daran gehindert. Das heißt nicht zwingend, die Kinder von der Schule fernzuhalten, wenn sie dafür noch nicht bereit sind. Sondern vielmehr, genau auf die Kleinen zu hören, wie unverständlich sie sich für uns auch manchmal ausdrücken mögen. Ihnen ein offenes Ohr schenken und mit ihnen reden, wenn sie etwas nicht machen wollen. So wie wir Erwachsenen haben auch sie dazu die Berechtigung.

LB 34 - Woche 34

Das Babyzimmer ist so gut wie eingerichtet, der Kästen werden voller mit Sachen, die, so wurde uns berichtet, lebensnotwendig sind. Ein ganzer Haufen Dinge, deren Sinnhaftigkeit ich erst bei dem Gebrauch dieser feststellen werde, aber vielleicht auch niemals. In Anbetracht des schnellen Wachstums des Kleinen werden viele dieser Habseligkeiten nur temporäre Bedeutung haben, was heute noch gepasst hat, ist morgen vielleicht schon zu klein.

Unser feudales Anwesen beschränkt sich auf etwas mehr als 80m², die teilweise nicht unbedingt vorteilhaft angelegt sind, es musste also Platz geschaffen werden. Raum um Neues zu kreieren und sich von Altem zu trennen, ein Neubeginn mit neuem Leben.

Vorgänge, die wir wie selbstverständlich arrangiert haben, ohne dabei viel zu hinterfragen. Der Auslöser dafür war das Leben, genauer gesagt neues Leben in diesem Fall. So wie hier Raum für Neues geschaffen wurde, passiert in jedem von uns ein ähnlicher Vorgang. Das ganze Leben ist ein Prozess, den wir selbst mitgestalten können, als Schöpfer unseres Daseins.

Wir haben viele Anteile in uns, die gehört und gesehen werden möchten. Gefühle, die gefühlt werden wollen, Unkraut, das gejätet werden will. Bei manchen Verhältnissen fällt es uns nicht schwer das Feld zu räumen, bei anderen wehren wir uns heftig dagegen. Oft ist es auch die Angst, die uns davon abhält, einen Platz im Leben einzunehmen, der unserem wahren Ich entspricht. Von dieser Natürlichkeit der Entwicklung haben wir durch unsere Programmierung und menschliche Paradigmen, die sich über Jahrtausende entwickelt haben, viel verloren.

Das Baby im Mutterleib macht nichts anderes: es schafft sich den Raum, der jetzt gerade nötig ist, um einwandfrei liegen zu können, zu leben, wie es der Moment gerade erfordert. Hier ist ein ganz natürlicher Vorgang am Werk, selbst die Organe der werdenden Mama passen sich diesem Prozess an, sie transformieren, um dem neuen Leben genügend Bereiche des Wachstums zur Verfügung zu stellen.

Obwohl diese Entwicklung auch im Laufe des weiteren Lebens nicht aufhört, bleiben wir oft an Stolpersteinen hängen, statisch in einem sich ständig ausdehnenden Universum. Wir schwingen dann außerhalb einer positiven Frequenz und verlieren die Balance. Machen wir es so natürlich, wie uns die Natur es vorlebt, seien wir wie Babys, die sich ihrer Entwicklung entsprechend ausdehnen und ihren Bedürfnissen Raum geben. Und schaffen wir wie bei der Einrichtung eines Zimmers Platz für Neues und lassen Altes gehen.

So erleben wir immer wieder eine Geburt, den Wandel von uns selbst. Wie uns schon Heraklit gelehrt hat: *Nichts ist so beständig wie der Wandel*.

LB 35 – Woche 35

Wir schreiben die zweite Woche im Dezember, und mittlerweile weihnachtet es sehr. Den ersten Vorgeschmack auf diese kuriose Zeit hat uns der Handel ja schon vor zwei Monaten gegeben, damit freundlicherweise auch niemand darauf vergisst, die Wirtschaft anzukurbeln. Spätestens jetzt merkt man was uns bevorsteht, wenn man in der Wohnsiedlung einen beleuchteten und geschmückten Balkon nach dem anderen sieht. Vor Achtung der Autorität bin ich dann oft geneigt, vor unserem großen Herrscher, dem Kapitalismus, ehrfürchtig zu salutieren um ihm den zustehenden Tribut zu zollen. Oh Kapitalismus, habe Gnade mit uns Shoppingcenter-Drückern!

Ich möchte hier gar nicht darauf eingehen, dass Weihnachten ja die Zeit der Besinnlichkeit, und so weiter bla bla bla ist, das können Andere viel besser als ich. Die Frage ist, wie erkläre ich später meinem Kind, warum wir uns das antun, dieser vorweihnachtliche Stress, der in dieser Zeit so oft in der Luft liegt. Ich kann mich noch gut an die Weihnachtsabende mit der Familie erinnern, die eigentlich fast immer nach dem gleichen Schema abgelaufen sind. Irgendwann wusste man schon im Vorhinein, was passieren wird: der Zeitplan wird, aus welchen Gründen auch immer, nicht eingehalten, Mama versucht das Ganze zu beschleunigen, Papa fühlt sich unter Druck gesetzt, Schuldzuweisungen werden ausgetauscht, jemand wird wütend, es werden nicht jugendfreie Wörter ausgetauscht. Ein nettes Beisammensein mit der Familie eben, Oh no Tannenbaum. Erklärungen für das Warum sind nüchtern betrachtet ganz gut zu finden und darzulegen. Aber wie werde ich darauf antworten, wenn es um die essenzielle Frage der Kleinen geht: gibt es das Christkind, woher kommt es und was muss ich tun, um unanständig viele Geschenke zu bekommen? Das ist eine Frage, die über „warum ist der Himmel blau" oder „warum ist das Wasser nass" weit hinausgeht. Keine Möglichkeit Google zu fragen, außer die Kinder sind dann selbst schon so weit und nehmen einem die Entscheidung ab. Im Prinzip geht es darum, ob ich mein Kind belüge oder nicht, nett ausgedrückt, ob ich ihm ein Märchen erzähle oder ein Gestädnis ablege mit der nicht ganz so phantasiereichen Realität.

Kinder mögen wiederkehrende Ereignisse, auf welche sie sich schon im Vorhinein freuen können. So wie Coca Cola den Weihnachtsmann etabliert hat, kann man die kalte Zeit des Jahres, wo die Familie zusammenkommt, nutzen, um diese Zeit phantastischen Geschichten zu widmen. Neben dem Buch für abgeklärte Kinder, „die Wahrheit über das Christkind", gibt es in von der Entstehung der Welt bis heute so viele tolle Geschichten, die man mit etwas Einfallsreichtum für die Kleinen aufbereiten kann. Sei es, wie vielleicht die Welt entstanden ist, wie Siddharta zu Buddha wurde oder wie die Steine nach Stonehenge gekommen sind. Ganz genau können wir das ja auch nicht wissen, aber dadurch regen wir die Fantasie bei den Kindern an. Und dieser Brauch ist wahrscheinlich lehrreicher als abgestandene Märchengeschichten.

LB 36 – Woche 36

Vor kurzem hatten wir von Astrids toller Hebamme eine Führung durch das Krankenhaus, in dem unser Noah zur Welt kommen wird, bekommen. Der Kreissaal ganz modern ausgestattet, und wirklich ein Ort, in dem man bei diesem Erlebnis nur für sich ist, keine Anderen Gebärenden im Zimmer, nur die Hebamme und bei Bedarf ein Arzt. So konnte ich mir schon vorab ein Bild davon machen und die Atmosphäre einatmen, die Horrorszenarien werden wohl ausbleiben. Die Geburt wird zweifelsfrei ein außergewöhnliches Erlebnis werden, ein Ereignis der sonderbaren Art wäre es wohl für mich geworden, wenn vier werdende Mütter im selben Kreis(ch)saal um die Wette Fluchen und Schreien, so als ob das Ganze ein Wettbewerb wäre und es eine Trophäe für die lauteste Brüllerin gäbe.

Hier kommt einiges auf die werdende Mama zu, der menschliche Körper leistet bemerkenswerte Arbeit in dieser Extremsituation. Gut zu verstehen, dass sich Geburtsvorbereitungskurse und Ähnliches großer Beliebtheit erfreuen, darauf möchte man so gut wie möglich vorbereitet sein. Man läuft ja auch keinen Marathon, ohne zu trainieren. Was ich während der Schwangerschaft mitbekommen habe, ist, dass der Austausch von Frau zu Frau eine große Rolle spielt, wie die Geburt von den Müttern erlebt wurde.

Wie unser Nachwuchs die Geburt erlebt hat, wird er uns wahrscheinlich niemals sagen können, aber wahrscheinlich bedeutet dieser Moment für das junge Leben ganz besondere Knochenarbeit. Zuerst wähnt man sich noch in der wohligen, warmen Sicherheit des Mutterbauchs und ehe man sich versieht, hat man durch einen viel zu engen Tunnel zu gehen, um im die Kälte gezogen zu werden nur um danach von Leuten angestarrt zu werden, die man vorher noch nie gesehen hat. Und doch ist dies eine Entscheidung, die vorher schon bewusst getroffen wird.

Noch bevor wir hier auf der Erde zu Fleisch und Blut werden, wird von uns der Weg für dieses Leben eingeschlagen. Dadurch, dass man diese Behauptung nur schwer beweisen kann, soll jeder davon halten, was er möchte, ich bin der Meinung, dass wir uns das alles selbst ausgesucht haben, auch wenn es manchmal nur schwer verständlich ist. Dieses Leben besteht aus so schrecklich viel Leid und Krisen, man wird immer wieder „geprüft", da kann man schon manchmal die Lust auf dieses Spiel verlieren. Sehen wir uns das Leben von Jesus an. Das, was uns überliefert wurde, zeigt uns einen Menschen, der sein ganzes Leben lang immer wieder auf die Probe gestellt und mit Situationen konfrontiert wurde, die alles anderes als leicht zu verdauen waren. Und was hat er gemacht? Er hat weitergemacht. Als Mensch, Sohn Gottes, die wir ja alle sind, als Weltverbesserer und Erleuchteter.

Das gilt es auch für uns herauszufinden, warum wir eigentlich jeden Morgen aufstehen. Den eigenen göttlichen Plan zu finden, sich selbst zu erkennen.

LB 37 – Woche 37

Jetzt, um die Weihnachtszeit, machen wir unseren Liebsten gerne eine Freude, indem wir uns gegenseitig beschenken. Ein großer Fan von diesem materiellen Accessoire-Austausch bin ich schon länger nicht mehr, und doch freue ich mich meistens über eine kleine Aufmerksamkeit. Der Fokus wird hier auf das Beschenken der Menschen im nächsten Umkreis gelegt, wenn man nicht gerade für eine wohltätige Organisation gespendet hat. Das Wohl und die Freude unserer Freunde und Verwandten liegen uns also am Herzen, aber wie oft denken wir eigentlich an uns, wie oft beschenken wir uns selbst? Man kann Gandhis bekanntesten Spruch durchaus umformulieren in „Sei du das Geschenk, das du dir wünscht für die Welt".

Es gab schon so viel Menschen, deren Anwesenheit auf diesem Planeten uns vorankommen ließ, Individualitäten, die aktiv bei der Entwicklung der Menschheit geholfen und maßgeblich an der Evolution beteiligt waren. Ohne Plato, Demokrit, Jesus, Buddha, Da Vinci, Goethe, Tesla, Einstein und wie sie alle heißen – ohne ihren Einfluss wären wir heute nicht dort, wo wir sind. Diese und noch viele, viele mehr haben dieser Welt ihren Stempel aufgedrückt und dazu beigetragen, jeden von uns seinem persönlichen Elysium näher zu bringen. Sie haben uns eine Blaupause für ein Leben mit inneren und äußeren Frieden gegeben, jeder auf seine individuelle Art und Weise, die wir als Quelle für unser Leben nutzen können.

Man muss keinen großen Namen haben, ein guter Redner sein oder ein mathematisches Genie, es sind auch die kleinen Dinge, die die Welt verändern. Unter anderem sind diese kleinen Dinge am Anfang nur ca. 50cm groß und wiegen um die drei Kilo, und trotzdem verändert ihre Ankunft so einiges im Leben der Mamas und Papas.

Wenn wir nur nach dem Großen streben, übersehen wir auf unserem Weg dorthin oft die kleinen Wegweiser, von denen unser Weg gepflastert ist. Die Impulse kommen vom Leben selbst, ob wir uns mit offenen Augen und Ohren darauf einlassen, bleibt uns überlassen. Für viele von uns ist das noch ein unüberblickbares Mysterium, aber wer weiß, wohin sich die nächste Generation hin entwickeln wird. Vielleicht ist die globale Veränderung, die von vielen Menschen unserer Zeit gespürt wird, wieder nur ein zeitlich begrenztes Phänomen, wie es schon oft da war. Nur möglicherweise ist der Wandel auch schon im vollen Gange und der Weg für eine neue Welt bereits geebnet, und die Menschheit muss sich nur noch entscheiden, in welche Richtung dieses Auferstehen geht.

Gemeinsam mit unserem Nachwuchs können wir das Phänomen des Lebens erforschen, ihnen ein Wegweiser und Zuhörer sein. So wie der Regen für die Blume sind sie die vielen kleinen Tropfen für das Wachstum der Erde.

LB 38 – Woche 38

Die Ausrüstung fürs Baby ist so gut wie komplett, hier hat sich im Laufe der Zeit einiges geändert. Man kann durchaus dazu neigen haufenweise Dinge einzukaufen, wenn man sich erst einmal vorgenommen hat, eine ernsthafte Ausrüstung für den Kleinen zuzulegen. Wenn meine Oma früher noch den Wäschekorb zu einem Stubenwagen umfunktioniert hat, möchte man heute nur die Besten Produkte, und diese natürlich neuwertig. Gegenstände, in denen schon ein anderes Kleinkind seine Ausscheidungen hinterlassen hat, stehen auf der Hygieneliste ganz weit unten. Meine liebe Freude hatte ich schon beim Zusammenbau des Gitterbettes, denn mein handwerkliches Geschick paart sich mit einer gesunden Portion Erregung, die in einen Akt der verlorenen Selbstbeherrschung ausarten kann.

Der Kinderwagen war das noch fehlende Exemplar für die Babyausstattung, der sollte nur noch abgeholt und heimtransportiert werden, kein großer Aufwand in Sicht. Selbst diese vermutete Kleinigkeit hat uns gezeigt, dass hier etwas auf uns zukommt, mit dem wir nicht gerechnet haben und wir unsere Vorstellungen, wie wir das handhaben werden, eigentlich über den Haufen werfen können. Das Objekt der späteren Wut kam nicht so wie ich vermutet hätte im Karton, sondern schon fertig ausgepackt auf Rollen und betriebsbereit. Auch das war noch völlig in Ordnung, klappen wir ihn eben zusammen und transportieren ihn nach Hause. Mir war zu diesem Zeitpunkt aber noch nicht bewusst, dass diese Dinger anscheinend absichtlich so gebaut werden, dass ein Laie ohne Lösungsbuch hier ziemlich angeschmiert ist. Es war einfach nicht möglich, die richtigen Hebel in Bewegung zu setzen geschweige denn zu finden, die zu einem Zusammenklappen des Teils geführt hätten. Selbst ein hilfsbereiter Mitarbeiter hat hier relativ schnell das Handtuch geworfen, also nochmal zurück ins Geschäft zur Fachabteilung, um mit gesenktem Haupt eine kurze Einschulung anzufragen. Mein sonst ruhiger Puls wurde nach und nach in ein Ungleichgewicht gebracht und das Monster auf vier Rädern wurde relativ schnell zum Objekt der sich aufbauenden Rage.

Es ist idealistisch von uns, sich Gedanken über die gemeinsame Zukunft zu dritt zu machen und sich zusammen abzusprechen, wie diese oder jene Situation zu bewältigen sein wird. Wir sind eben alle Menschen und machen uns Gedanken über die Zukunft, weil wir in gewisser Weise die Kontrolle über unsere Idee des Lebens behalten wollen. Dass diese Sichtweise eigentlich eine Illusion ist, mag vielen von uns klar sein, und trotzdem fällt es schwer, sich darauf zu besinnen. Uns wurde immer wieder gelehrt, dass das Leben nur im Jetzt stattfinden kann, ein Jetzt, das jetzt schon wieder vorbei ist. Alle Ängste und Zweifel existieren in diesem Jetzt nicht. Die Zukunft wird uns in Ebenen des Jetzt bringen, auf die wir nicht vorbereitet sein werden, die uns prüfen werden. Unser Nachwuchs wird uns von Tag zu Tag auf die Probe stellen. Besser gesagt ein Geschenk für uns, um immer mehr im Jetzt anzukommen.

LB 39 – Woche 39

Mit großen Schritten nähert sich das Ende der Schwangerschaft, der Beginn von etwas Neuem ist jetzt mehr denn je zu spüren. So weit dieser Moment in den vergangenen Wochen auch manchmal entfernt war, umso deutlicher wird jetzt, dass es nun jeden Moment losgehen kann und wir ins Krankenhaus fahren, um den neuen Erdenbürger zu begrüßen. Astrid und ich haben uns auf das bevorstehende Ereignis vorbereitet, jeder auf seine Art und Weise, die wahrscheinlich eine gute Kombination abgeben wird, wenn es darauf ankommt.

Über die Geburt selbst und die ersten Tage mit dem Kind habe ich mich relativ wenig informiert, die meisten Fragen werden ohnehin später auftauchen, wenn wir den Kleinen in Händen halten und keine Ahnung haben, wie wir nun damit umgehen sollen, ganz ohne Lösungsbuch und nur auf uns alleine gestellt. Mit dem reichhaltigen Angebot an Tipps und Vorschlägen, die im Internet und Broschüren kursieren, ganz zu schweigen von den gut gemeinten Ratschlägen im Umfeld, kann man sich relativ schnell überfordert fühlen, noch bevor man seinen kleinen Schatz in Händen hält. Was da passiert, sobald die Wehen einsetzen, ist eine äußerst individuelle und private Aufgabe, und hier bin ich froh, dass wir eine wundervolle Begleitung von unserer Hebamme bekommen, die ein tolles Einfühlungsvermögen für die Situation besitzt und rasch handeln kann. Es ist gut zu wissen, dass zumindest Jemand die Contenance bewahrt, wenn wir die Nerven schmeißen.

Je näher die Geburt rückt, umso mehr machen sich Zustände breit, die ein Mix aus Hilflosigkeit, Atemnot und Passivität sind. Hier kommt eine Situation auf mich zu, in welcher es mir nicht möglich ist die Kontrolle über diese zu haben, es wird passieren und ich kann mich nur bedingt darauf vorbereiten. Ich kann noch so viel lesen und versuchen alles zu planen, aber für diesen außergewöhnlichen Moment gibt es kein Patentrezept, den wir mit einem Gedankengebäude Herr werden könnten. Das Gefühl sagt Loslassen. Alle Gedanken und Gefühle, die jetzt da sind, wollen wahrgenommen werden. Auch Gefühle wie Angst, die von Natur aus negativ behaftet sind, wollen gefühlt werden, weil sie ein Teil von uns sind und nicht länger ignoriert werden wollen. Die einfachste Möglichkeit hier ist wie so oft die schwierigste: einfach nur anwesend zu sein, die Präsenz im Hier und Jetzt zu haben, sonst nichts zu tun, weil es nicht notwendig ist.

Die meisten von uns bewegen sich in gewohnten Mustern, weil wir hier Sicherheit spüren und eine gewisse Kontrolle über Abläufe haben. Wenn wir uns nicht vor dem Leben verstecken, werden wir immer wieder ermutigt, uns weiterzuentwickeln und neuen Boden zu betreten. Wie auch bei der Geburt neuen Lebens, das der Text auf dem Kalender neben mir so trefflich formuliert: *Das Leben beginnt am Ende deiner Komfortzone.*

LB 40 - Woche 40

Jetzt kann es jederzeit losgehen. Wenn Panik angebracht wäre, dann wäre im Moment ein guter Zeitpunkt dafür. Wer weiß, ob ich diesen Satz noch zu Ende schreiben kann, oder schon alle Sachen packen und den Weg Richtung Krankenhaus einschlagen muss. Viele Wochen wähnt man sich in Sicherheit, bis einem in der letzten Schwangerschaftszeit auffällt, dass dies die letzten Tage zu zweit sein werden. Es beginnt jetzt also wirklich, das Leben, wie man es bisher kannte, ist Geschichte. Vorbei die Zeit des halbstarken Jünglings, hin zur Epoche des beherzten bzw. todesmutigen Windelwechslers. Ein heroischer Pantoffelheld mit riesigen Augenringen und einem schier unstillbaren Durst nach Schlaf und Ruhe, für den er bereit wäre alles zu opfern.

So entspannt die vergangenen Monate waren, hat sich durch die ständige Alarmbereitschaft etwas verändert. Viele Dinge gehen mir durch den Kopf, wenn ich an die Geburt denke, denn beeinflussen kann ich diesen Prozess nicht, nur im Moment präsent sein. Ja, wahrscheinlich wird es fordernd sein, laut, animalisch, überraschend. Normalerweise gehe ich Dinge ganz langsam an, strecke erstmals vorsichtig meine Nase zum reinschnuppern vor und nähere mich stufenweise an, bei der Geburt eine eher schlechter realisierbare Vorgehensweise. Andererseits ein idealer Raum für Wachstum, vorwärts kommen an den eigenen Grenzen.

Bei jedem Stich, den Astrid mittlerweile im Bauch hat, zucke auch ich leicht zusammen und lasse in Sekundenbruchteilen den ganzen Ablauf in Gedanken abspielen, was jetzt zu tun ist. In der Arbeit warte ich nur noch auf den Anruf von ihr, dass es begonnen hat und ich losfahren kann, es ist immer ein kleiner Schrecken, wenn das Telefon vibriert. Für diesen Sonderfall fehlt einfach jegliche Routine, die Situation zu beherrschen, was wir Menschen aus Sicherheitsgründen so gerne machen, ist hier eine Illusion. So wie Kolumbus betrete ich hier Neuland, und so wie damals taten das viele schon vor ihm. So wie Oscar Wilde es formuliert hat: *Natürlich ist Amerika schon vor Kolumbus entdeckt worden; und zwar oft.* Natürlich sind vor mir schon viele zum Vater geworden; und doch ist die Entdeckung dieses ungewohnten Terrains immer wieder ein einzigartiges Abenteuer.

Wenn man auch noch so viele Absichten und Wünsche hat, ist im Moment noch absolut unklar, wo die Reise hingehen wird. Vielleicht wird es noch viel besser, als man sich das erträumt hat, vielleicht wird es fürchterlich ernüchternd, faszinierend oder beängstigend. Wo immer uns dieser Weg auch hinführen mag, sind wir dazu eingeladen, diesen mit offenen Augen und Ohren zu beschreiten, dazu bereit, das Leben in seinen geheimnisvollen Pfaden einzuatmen. Sein Selbst entfalten, der nächsten Generation Begleiter auf diesem Weg sein, das ist der Zyklus des Lebens.

Darum sind wir hier, darum machen wir jeden Tag weiter: um zu LEBEN.

Epilog

Unser kleiner Noah hat sich an den Zeitplan gehalten, er hatte es sogar etwas eiliger als prognostiziert und wollte schon 3 Tage vor dem errechneten Termin das Licht der Welt erblicken. Ich habe ihm schon während der Schwangerschaft aus dem „kleinen Prinzen" vorgelesen, und wenige Stunden, nachdem die letzte Seite zu Ende gelesen war, haben die Wehen eingesetzt, ein wunderschöner Abschluss von diesem Teil des Lebens. Was darauf folgte, war ein Mix aus Chaos, Vorfreude, Nervosität und Reizüberflutung. Und irgendwann haben wir festgestellt, dass im Leben so einiges anders kommen kann als geplant. Die Wehen und die Geburt selbst waren mehr ein Kraftakt als das schöne Erlebnis, das wir uns erhofft hatten, doch auch so kann das Leben spielen. Letztendlich ist alles gutgegangen und wir waren überwältigt von dem Anblick des neuen Erdenbürgers, ganz intuitiv wurde stundenlang der Blick nicht von ihm gelassen, ohne großartig an irgendetwas zu denken habe ich sein Gesicht bestaunt. Alle Gedanken durften in diesem Moment gehen, die Zeit war verschwunden, es war leben im Augenblick.

Eine Reise hat nun ihr Ende gefunden, um jetzt ein neues Abenteuer zu beginnen. Wie ein Entdecker können wir jetzt wieder Neuland betreten, für unser Leben dazulernen, neue Erfahrungen machen und uns dem Leben hingeben, um herauszufinden, wer wir sind und immer schon waren.

Für uns und für unsere Kinder.

Amen.